ANGAANGAQ
DR. CHRISTOPH QUARCH

DER
ALLTAGS-
SCHAMANE

INHALT

Inhalt

VORWORT

Die Lehren dieses Buches sind nicht meine Lehren. Es sind die Lehren meines Volkes, das seit Tausenden von Jahren auf einer großen Insel lebt, die weitestgehend von Eis bedeckt ist. Sie wurden niemals aufgeschrieben. Sie wurden mündlich überliefert, von einer Generation zur nächsten. Bis meine Großeltern und Eltern sie schließlich auch mir anvertrauten. Nun kommen sie zu dir. Du bist ein Glied in einer langen Kette.

Die Lehren haben sich bewährt. Deshalb erzähle ich sie immer wieder. In meinen Büchern gebe ich sie weiter. Es gibt nichts Besseres, was ich dir bieten könnte. Ich staune immer wieder über ihre Weisheit. Ich frage mich: Wie kann es sein, dass meine Ahnen so viel wussten? Woher nahmen sie ihr Wissen? Sie haben nie studiert, sie haben nie ein Buch gelesen. Und trotzdem haben sie uns viel zu sagen – mir und dir. Für unser alltägliches Leben. Sag, ist das nicht erstaunlich?

Die Lehren meiner Ahnen sind lebendig.

Wenn du diese Lehren hörst und mit dir trägst, berühren sie dein Herz. Sie heben deinen Geist. Sie laden ein zu einem Leben, das schön und echt und kraftvoll ist: das dich als Mensch erblühen lässt – in deinem ganz normalen Alltag. Die Lehren lenken deinen Blick zu dir. Sie öffnen dir die Augen für dein Leben. Sie führen in die Tiefe deiner selbst und erinnern dich daran, wer du in Wahrheit bist. Das ist das Wunderbare an den Lehren. Es geht in ihnen nicht um Erleuchtung oder Erlösung. Es geht darum, wie du deinen Alltag zu einer Zeremonie machen kannst – wie du das Potenzial deines Lebens entfalten kannst und jeden Tag in Schönheit blühst.

Die Kraft der Zeremonien

Um dich darin zu unterstützen, haben unsere Vorfahren Zeremonien entwickelt. Sie zurückzubringen, ist meine Aufgabe als Schamane. Erwarte nicht zu viel von mir. Ich bin ein ganz normaler Mensch, kein Supermann und auch kein Guru, kein Zauberer und kein Prophet. Ich habe dem Wunsch meiner Familie entsprochen und das Erbe des Schamanen angetreten. Ich sehe mich dabei als einen Lotsen, der ein Stück deines Weges mit dir geht – nicht vor dir, sondern neben dir.

Ich wünsche mir, dass du an meiner Seite gehst. So wie es meine Mutter Aanaa Aanaqqii dich lehrt. Sie sagte: »Folge nie jemandem. Wenn du jemandem folgst, siehst du nur seinen Rücken. Sollte er eines Tages stolpern – und das wird geschehen –, wirst du etwas vor dir liegen sehen, das du bis dahin nicht kanntest: deine eigene Zukunft.« Deshalb sagte sie: »Geh nicht hinter einem anderen, sondern geh an seiner Seite.« Nur wenn wir Seite an Seite gehen, wird es möglich sein, uns gegenseitig zu stützen, wenn einer von uns beiden müde wird. Bist du bereit, mit mir gemeinsam aufzubrechen? Der Weg, den ich mit dir beschreiten möchte, führt dich heim zu dir. Die Alten meines Volkes sagen: »Der Grund, warum wir auf der Erde wandeln, ist, dass wir uns erkennen, um schließlich Ihn, den Großen Einen, zu erkennen.« Ich reiche dir die Hand, damit du in die Tiefe steigen kannst: zu deinem Selbst, zu deiner innersten Bestimmung. Ich reiche dir die Hand, damit du deine Größe und deine Schönheit kennenlernst.

Du bist komplexer als das Weltall und tiefer als das tiefste Meer.

Du bist ein Ebenbild des Schöpfers. Wenn du das begreifst und danach lebst, wird dein Alltag blühen: Dann wirst du aufrecht, kraftvoll, strahlend und schön unter den Menschen gehen. Dann wirst du deiner Bestimmung entsprechen. Dann wird dein Herz voll Freude sein, du wirst eine Lebendigkeit empfinden, die du bis dahin nicht gekannt hast. Dann wird dein Alltag eine Zeremonie sein, die dich beflügelt, dein Potenzial zu entfalten. Dem steht jedoch vieles im Weg. Du lebst in einer Welt, die keinen Sinn für Zeremonien hat. Die nicht mehr gut verwurzelt ist. In der die Menschen kalt und fühllos ihrem Ego folgen. In einer solchen Welt ist es nicht leicht, den eigenen Weg zu finden und aufrecht, kraftvoll, schön auf ihm zu wandeln. Du hast ein Weltbild angenommen, das deinen Geist nicht hebt und deine Seele nicht erbaut. Du gehst tagein, tagaus mit Menschen um, deren Herz gefroren ist. Dein Alltag scheint dir eine Last, weil du Gewohnheiten und Bräuchen folgst, die dich von deinem Selbst entfernen. Mein Vater Aataa Aataqqii sagte mir oft: »Am schwierigsten ist es, das zu verlernen, was wir schon gelernt haben.« Ahnst du, dass diese Worte dich betreffen?

Mit den Augen der Ahnen

So lade ich dich ein, dein Leben und die Welt mit anderen Augen anzusehen: mit den Augen meiner Ahnen – die auch deine Ahnen sind. Ich wünsche, dass die alten Lehren dich im Herzen treffen. Ich wünsche, dass die Zeremonien deinen Geist erheben. Ich hoffe, dass das Eis in deinem Herzen schmilzt. Die Zeremonien meines Volkes sind auch für dich bestimmt. Du kannst von ihnen lernen und manches für dein Leben übernehmen. Du kannst sie auch verändern oder eigene Zeremonien schaffen. Eine Zeremonie muss dir entsprechen. Dann wird sie in dir wachsen, so wie eine Blume. Und eines Tages wird sie Knospen tragen, die sich dann zu einer strahlenden Blüte öffnen. Sie wird Samen in sich tragen. Und eines Tages werden die Winde des Wandels kommen und die Samen weitertragen. Dann wirst du Zeuge sein, wie deine Zeremonie an anderer Stelle wiedergeboren wird. Ist das nicht schön?

Meine Großmutter Aanakasaa sagte stets: »Mein Weg ist nicht der einzige Weg.« Es liegt an dir, den Weg zu finden, der zu dir passt. Du wirst ihn finden, wenn du nur bereit bist, dein Herz zu öffnen. Denn was immer du mit deinem Herzen tust, wird heilig, wird eine Zeremonie, die dich deiner Bestimmung näher bringt. Probiere es aus, es geht um kleine Schritte, die dein Leben dennoch ändern werden. Erprobe, was dir guttut.

Ich spreche nicht die Sprache deines Landes. Die Worte, die du liest, hat mir ein Freund geliehen. Ich kenne Christoph seit zehn Jahren. Er kommt aus einer anderen Welt, er ist Philosoph und liebt die alten Griechen. Wir beide schöpfen aus der gleichen Quelle: dem Wissen und der Weisheit unserer Vorfahren; dem Hören auf das große, eine Leben; der Liebe zu den Menschen und zum Großen Einen. So ist dieses Buch in inniger Verbundenheit entstanden. Möge es dich im Herzen berühren und deinen Geist erheben. Möge es dich dir näher bringen, sodass du deiner Bestimmung folgst. Mögest du aufrecht und kraftvoll gehen – so wie es deiner Bestimmung entspricht, jetzt und allezeit.

In Einheit

Angaangaq

DAS LEBEN FEIERN

Kennst du die unbestimmte Sehnsucht nach dem
echten Leben – nach einem Leben voller Schönheit, Kraft und Energie? Und kennst du diesen
Wunsch, endlich im Leben anzukommen – im
Gleichgewicht mit dir und anderen, voller Lebendigkeit und voller Freude?

Wenn ja, dann bist du nicht allein. Ich glaube,
alle Menschen kennen diese Sehnsucht. In meiner Heimat feiern wir deshalb die Zeremonien.
Sie heben deinen Geist, sie öffnen dir das Herz,
sie helfen dir, dein Gleichgewicht zu finden und
das in dir noch schlummernde Potenzial zu wecken. Sie laden dich ein, deiner Bestimmung
zu folgen und aufrecht, stark und schön
auf der Erde zu wandeln.

Was dich lebendig macht
– Zeremonien –

Spürst du das Leben? Bist du wach? Und nimmst du wahr, was um dich ist? Ja, kennst du diese unbändige Freude, die dich durchströmt, wenn deine Seele hoch gestimmt ist? Um lebendig zu sein, brauchst du Zeremonien.

Meine Großmutter Aanakasaa wurde nicht müde, uns diese Worte zu lehren. Sie forderte uns damit auf, achtsam und wach durch das Leben zu gehen, mit gehobenem Geist und in klarem Bewusstsein – in Festtagsstimmung gewissermaßen. Sie machte uns darauf aufmerksam, dass die Zeremonien, die wir Grönländer bei jeder sich bietenden Gelegenheit feiern, eigentlich dazu dienen, uns immer wieder einzustimmen in die wirkliche Lebendigkeit.

Das Leben selbst ist eine Zeremonie – wert, mit einer Zeremonie gefeiert zu werden.

Und du? Fühlst du dich lebendig? Wandelst du in deiner Kraft? Nicht? Dir fehlen die Zeremonien. Ich weiß, wovon ich rede. Ich komme aus einem Land, in dem sich nicht leicht leben lässt. Sechs Monate lang sehen wir die Sonne nicht, die Erde ist mit Eis bedeckt, das Leben ist ein steter Kampf.

Weißt du, was uns die Kraft gegeben hat, unter diesen Bedingungen über Jahrzehntausende zu bestehen? Die Zeremonien. Und weißt du, was das Schlimmste ist, was meinem Volk vom weißen Mann angetan wurde? Dass man sie uns nahm und uns eine fremde Religion aufzwang.

Zeremonien heben den Geist

Zeremonien öffnen dir die Augen. Sie lassen dich die Schönheit in der Welt erkennen, sie schärfen deinen Sinn für all die kleinen, guten Dinge, die um dich sind und die dich jeden Tag begleiten. Sie bringen dir zu Bewusstsein, wie kurz und wie zerbrechlich dein Leben ist – und dass die Tage viel zu kostbar sind, um sie in Klagen und mit Sorgen zu vergeuden. Sie heben deinen Geist und füllen ihn mit Dankbarkeit und Freude, anstatt dass du dich in dein Leid vergräbst und bitter, kalt, bedrückt dein Dasein fristest.

Sie zaubern dir ein Lächeln auf die Lippen und richten dir den Körper und die Seele auf. Wenn du sie feierst, öffnen sich dein Herz und deine Sinne. Alles wird schön und leicht und frei. Dann kannst du wieder atmen und das Leben fühlen.

Zeremonien sind viel größer als dein Denken – sie stimmen dich als Ganzes auf das Leben ein.

In allen Situationen deines Lebens erlauben dir die Zeremonien, dir selbst zu begegnen. Sie lenken dich auf deine Bestimmung. Und das ist das Allerwichtigste im Leben. Die Alten meines Volkes sagen: »Wir leben nicht, wenn wir ohne Zeremonien leben.« Ohne Zeremonien bist du einfach nur da: Du schläfst, stehst auf, isst, gehst zur Arbeit, schaust Fernsehen, surfst im Internet, gehst zu Bett. Du bist den ganzen Tag beschäftigt, aber keinen Augenblick lebendig. Und so geht es immer weiter, bis du dich eines Tages fragst, ob das nun dein ganzes Leben sein soll. Ich sage dir: Das ist es nicht. Es ist nicht, was es sein soll. Es ist ein schattenhaftes Leben und nicht das Fest, das es zu sein bestimmt ist.

Wacher Geist und liebendes Herz

Das Leben ist eine Zeremonie – wert, mit einer Zeremonie gefeiert zu werden. Es geht dabei um keine große Sache. Das habe ich von meiner Mutter Aanaa Aanaqqii gelernt. Sie war eine große Heilerin. Und es verging kein Tag, an dem sie nicht zur nachmittäglichen Stunde ihre Gebetskerze entzündet hätte. Sorgsam nahm sie das Streichholz, entflammte den Docht und wandte sich mit liebevollem Blick dem Licht zu. Lange Zeit verharrte sie so – in Gedanken bei denen, die ihren Beistand erbeten hatten. Jeden Tag hielt sie es so. Fünfundsechzig Jahre lang, immer in größter Achtsamkeit und mit einem wachen Herzen.

Das Leben feiern

Die Absicht ist das Entscheidende. Sie macht aus einer unscheinbaren Handlung eine kraftvolle, lebendige Zeremonie.

Fehlt dir diese Haltung, ist deine Zeremonie nichts wert. Sie erstarrt zum leeren Ritual, das nur noch deshalb begangen wird, weil es halt so üblich ist. Wie viele leere Rituale habe ich schon in der Welt gesehen! Im Fernsehen, bei Gesellschaften, bei Festlichkeiten und auch in den Kirchen. Selten sah ich eine echte Zeremonie. Deshalb weiß ich, was den Menschen fehlt, was dir fehlt.

Du musst es nur tun

Du fragst mich, was du tun kannst? Tief in dir steckt ein Sinn fürs echte Leben. Ihn

musst du wecken. Du kannst es. Indem du Zeremonien feierst. Und wenn du sagst, dass du nicht weißt, wie das geht, dann sage ich dir: Es gibt genügend Möglichkeiten. Ein paar davon findest du hier, in diesem Buch. Und wenn sie nicht recht zu dir passen, dann schaffe deine eigenen Zeremonien.

Jeden Morgen stehst du auf. Warum begrüßt du nicht den Tag mit einer kleinen Geste – in Achtsamkeit und ganz bewusst? Schon hast du eine Zeremonie für dich gefunden. Oder wie wäre es, dich vor dem Essen kurz zu sammeln und in der Stille einen Dank zu sprechen? Und wäre es nicht schön, wenn du am Abend vor dem Schlafengehen noch einmal zum Himmel aufschaust und seine Weite in dich aufnimmst? Es gibt so viele Zeremonien, die nur darauf warten, von dir entdeckt und gefeiert zu werden.

Glaube mir: Es ist nicht schwer. Es geht ja nur darum, eine Form zu finden, die es dir erlaubt und die dich darin unterstützt, achtsam zu sein – eine Form, die dir zu Bewusstsein bringt, dass du da bist, inmitten einer wunderbaren Welt. »Beobachte und sei achtsam, was außen geschieht – in dir drin«, sagte meine Großmutter. Sie wollte, dass wir jeden noch so unscheinbaren Augenblick in uns lebendig werden lassen – einfach nur, indem wir ihn mit liebevoller Achtsamkeit wahrnehmen. Fang einfach damit an und du wirst sehen, dass Zeremonien wie Pflanzen sind: Sie wachsen in dir, sie entfalten sich zu vollem Leben, wenn du sie sorgsam hegst und pflegst. Und mit der Zeit, wenn sie in dir verwurzelt sind, werden sie dich von innen her verwandeln. Dann wird ihre Schönheit in dir strahlen.

Das Leben feiern

Wie du dich erdest
– Beten –

Hast du schon einmal gebetet? Hast du schon einmal mit deinem Schöpfer gesprochen? Hast du schon einmal dein Herz vor ihm ausgeschüttet? Hast du schon einmal erfahren, wie es ist, selbst ein Gebet zu sein?

Die Ältesten meines Volkes sagen: »Beten heißt, die Sprache des Schöpfers sprechen.« Sie sagen auch: »Im Laufe deines Lebens wirst du diese Sprache lernen.« Du fragst, wer dich diese Sprache lehren kann? Öffne die Augen! Die Steine beten mit ihren Farben, mit dem Funkeln ihrer Einlagerungen und dem metallischen Glanz der Erze. Das Meer betet mit seinem Rauschen und den Schaumkronen seiner Wellen. Die Blumen beten mit ihren prächtigen Blüten und die Bäume mit ihren mächtigen Kronen. Sieh die Tiere! Sie beten mit ihren eleganten Leibern, mit ihren Spielen und ihren Lauten.
Und du? Wie betest du? Das schönste Gebet ist ein blühender Mensch, der aufrecht, kraftvoll und in Schönheit auf der Erde wandelt.

Das schönste Gebet ist ein Mensch, der die Gaben seines Herzens entfaltet und dessen Taten die Sprache des Schöpfers sprechen.

Bist du so ein Mensch? Wenn du zu mir nach Grönland kommst, wirst du hier und da Menschen sehen, die auf der Kuppe eines Berges stehen und mit ihrem Schöpfer reden. Du wirst ihr Gebet vernehmen, denn sie beten mit lauter Stimme, um sicher zu sein, dass ihr Schöpfer sie hört.

Geh in die Natur

Wir brauchen keine Kirche, um unsere Gebete zu sprechen. Unsere Kirche ist die Natur. Dort spüren wir den Boden unter unseren Füßen. Dort spüren wir den Atem von Pinngortittisoq – des Mannes, »der uns gemacht hat«. Er trägt bei uns auch den Namen Sila, was »die Luft« bedeutet, weil er uns wie sie von allen Seiten her umgibt.

In der Natur kommen wir zu uns. Dort sind wir zu Hause. Wie kannst du von Herzen beten, wenn du nicht bei dir bist?

Wenn du zu mir nach Grönland kommst, wirst du hier und da alten Menschen begegnen, die fortwährend ein Lied auf ihren Lippen tragen. Oft sind sie sich dessen gar nicht mehr bewusst. Sie singen einfach. Sie singen, weil sie dankbar sind. Nicht nur bei den Zeremonien, sondern im täglichen Leben, bei der Arbeit, im Bus, in der Küche. Die Ältesten sagen: »Ein Lied ist das Gebet des Geistes.« Wenn du mit dem Herzen singst, steigt das Lied aus deinem Geist empor. Dann sucht er sich die schönsten Melodien. Ein schönes Lied ist Nahrung für den Geist. Wenn er in dir zu singen anhebt, spielt sich ein Lächeln auf dein Antlitz.

Wenn du lächelst, geht's dir gut. Dann taust du auf und kannst voll Hoffnung in die Zukunft blicken.

So haben es die Menschen meines Volkes immer getan. Sie beteten und sangen, sie sprachen mit dem Schöpfer. Wie anders hätten sie die Härten ihres Lebens wohl ertragen können? Das Beten und das Singen hat sie stark gemacht. Ich denke oft an meinen Vater Aataa Aataqqii. Stundenlang saß er in seinem Sessel und summte eine Melodie vor sich hin. Er war zu einem Gebet geworden, das fortwährend zum Himmel klingt. Sein Lied war nicht sehr laut, aber es war immer da. Er hatte die Sprache des Schöpfers erlernt.

Richte dich auf und sprich

Wirst auch du diese Sprache erlernen? Wirst du meine Hand ergreifen, mit mir auf einen Berg steigen und den Großen Einen rufen? Berge und Hügel gibt es auch bei dir. Und wenn es keine Berge gibt, dann gibt es einen Wald oder ein Feld.

Also geh hinaus! Rufe deinen Schöpfer. Es ist egal, wie du ihn nennst und wie du ihn ansprichst. Du musst dafür kein Priester sein. Du musst keine besonderen Gebete erlernen. Du musst dich nicht vor ihm niederwerfen oder die Beine verschränken. Tritt einfach ins Freie, richte dich auf und sprich zu ihm.

Wie viele andere Indigene auch beginnen die Menschen meines Volkes ihr Gebet mit den Worten: »Gott, kannst du mich sehen? Gott, kannst du mich hören?« Dabei stellen sie sich aufrecht unter den weiten Himmel. Sie beten kraftvoll. Sie beten aus dem Herzen. In ihnen betet ihre Seele.

Mein Vater sagte immer zu mir: »Deine Seele betet, wenn du mit dem Schöpfer redest. Das ist Nahrung für die Seele. Sie wird stark und schön, sooft du mit deinem Schöpfer redest.«

Die Menschen meiner Heimat schließen ihr Gebet mit einem Atemhauch. Wir nennen dies den »Atem des Lebens«. Wir tun dies, damit der Schöpfer weiß, von wem dieses Gebet herrührt: Es gibt ja so viele von uns und der Schöpfer ist natürlich sehr beschäftigt. Nun wird er das Gebet dorthin schicken, wo es hingehört. Er hat dafür sehr viele Helfer, dort, wo du lebst, nennt man sie meistens Engel. Und glaube mir, er beantwortet die Gebete mit einer erstaunlichen Genauigkeit.

Das Leben feiern

Viele Menschen beten, aber nur wenige gehen damit tiefer. Sehr wenige meditieren darüber und die allerwenigsten warten auf eine Antwort. Sie sagen »Amen« und sie meinen, damit sei das Gebet getan. So aber ist es nicht. Die Antwort auf dein Gebet kann sich auf vielerlei Weise einstellen – sichtbar oder hörbar, vielleicht als Ereignis. Gleichviel, sie wird an dich ergehen.

Es liegt an dir, mit deinem Tun die Antwort
des Schöpfers zu erwidern.

Wenn ich bete, schließe ich deshalb immer mit der Bitte, der Schöpfer möge mir die Kraft und das Vermögen geben, das anzunehmen, was immer er mir geben wird. Er wird dir antworten, wenn du vor ihm still wirst und dein Gebet in der Stille deines Herzens bewegst. Dann wird seine Antwort in dir wachsen. Und dann liegt es an dir, sich seiner Antwort würdig zu erweisen.

Wenn du vor deinen Schöpfer trittst, dann stammle nicht. Mach dich nicht klein und bete niemandem nach. Bedenke: Du bist kein Kind mehr, das Wünsche ausspricht und sich im Gebet zu seinem Vater flüchtet. Du bist erwachsen: Sprich mit eigener Stimme, schütte dein Herz aus. Sag, was dich bedrückt, und frag deinen Schöpfer um Rat.

Darin liegt deine Verantwortung: ihm Antwort zu geben, selbst Antwort zu sein – sorgfältig daran zu arbeiten, dass sie lebendig wird. Erwarte nicht, dass Gott für dich handeln wird. Dein Handeln sei dein Gebet – die Fortsetzung deiner Zwiesprache mit dem Großen Einen. Ein Gebet, aus dem kein Handeln folgt, ist leeres Gerede. Wenn aber dein Handeln ein Gebet ist, wirst du selbst zum Gebet. Du wirst bei dir sein und aufrecht, kraftvoll und schön auf der Erde schreiten.

Hast du schon einmal so gebetet? Beginne noch heute. Geh hinaus – dorthin, wo du die Erde unter dir spürst. Erhebe deine Stimme und sei ohne Scheu! Sammle dich in deinem Herzen und sprich aus, was dich bewegt. Lass deine Seele zu Wort kommen – lass deinen Geist sein Lied finden. Sprich zu deinem Schöpfer.

Mach keine Show

Gut ist es auch, mit anderen zu beten – die Stimmen zu vereinen, wenn ihr vor den Himmel tretet und den Großen Einen ruft. Nur eines darfst du nicht vergessen: Ein Gebet ist keine Show. Groß ist die Versuchung, sich dabei aufzublähen: »Seht, ich bin spirituell! Seht, ich singe schöne Lieder!« All das verdirbt dein Gebet. So sprichst du nicht die Sprache deines Schöpfers. So wirst du seine Stimme nicht vernehmen. So kommst du nicht zu dir. So wird dein Potenzial verwelken.

Das Leben feiern

Wie du zu dir selbst findest
– Lächeln –

Kennst du die Stimme deines Herzens? Und
folgst du ihr, wenn sie dich ruft? Sie ruft dich
immer zu dir selbst. Sie hilft dir, die Balance zu
finden, die deinem Wesen entspricht – und die
dein Antlitz lächeln lässt.

Hast du dich schon einmal gefragt, warum so wenige Menschen lächeln? Sieh dich um – bei der Arbeit, beim Einkaufen, auf der Straße, in den Familien! Siehst du lächelnde Menschen? Und wie steht
es um dich? Wie oft hast du an diesem Tag gelä-
chelt? Ich frage mich: Warum nur lächelt
niemand mehr? Willst du meine Antwort

hören?

Weil viele Menschen in ihrer Brust erkaltet sind. Sie
tragen in sich ein gefrorenes
Herz. Und weil ihr Herz gefroren ist, vermögen sie
nicht mehr zu lächeln. Ist
aber erst das Lächeln ver-
schwunden, dann schwin-
det auch die Freude. Der
Weg zur Freude beginnt mit
einem Lächeln.

Fang bei dir selbst an!

Meine Mutter Aanaa Aanaqqii sagte: »Am schwersten ist, das Eis in den Herzen der Menschen zu schmelzen.« Willst du es tun, dann musst du bei dir selbst beginnen. Denn auch in deinem Herzen gibt es Eis. Willst du es schmelzen, musst du lächeln – du musst mit deinem Herzen lächeln.

> *Das schönste Lächeln ist*
> *das Lächeln des Herzens.*

Du fragst, wie das geht? Ich lernte es von meiner Mutter. Sie sagte: »Schließe deine Augen für die Welt und öffne dein Herz!« Als ich nicht verstand, sagte sie: »Schau her!« Dann schloss sie ihre Augen für die Welt und öffnete ihr Herz. Ich sah nicht, was sie tat, doch ich spürte es. Sie lächelte ihr zauberhaftes Lächeln. Dann sprach sie: »Wende dich deinem Herzen zu. Sei achtsam. Spürst du dein Herz? Dann öffne es. Stelle dir vor, dass du ein großes Tor in deiner Brust öffnest. Das, was du dann fühlst, das bist du.«

Ein Lächeln ist kein Grinsen

Ein lächelndes Herz ist das Schönste, was es gibt. Es ist die Liebe, die dich lächeln lässt. Es verrät einen gesunden, guten Geist. Und wohnt ein gesunder, guter Geist in dir, dann bist du ganz bei dir zu Hause. Dann gehst du aufrecht und kraftvoll. Dann

Dein Herz zu öffnen, das kannst du auch.
Du brauchst dafür nur einen ruhigen Ort,
an dem du dich sammeln kannst. Dann
wendest du dich deinem Herzen zu. Vielleicht fällt
dir das leichter, wenn du deine Hand zu Hilfe
nimmst und sie auf deinen Brustkorb legst. Am An-
fang ist es oft nicht leicht, das Herz in der Brust zu
spüren. Doch mit der Zeit wirst du es immer klarer
fühlen – und immer dann, wenn du es fühlst, kannst
du es öffnen. Dann wird aus ihm ein Lächeln steigen
– ein Lächeln, das von Herzen kommt; das davon
zeugt, dass du bei dir bist.

spielt ein Lächeln auf deinem Antlitz. Das Lächeln, das von Herzen kommt, ist nicht gemacht. Ein gemachtes Lächeln ist nichts anderes als ein Grinsen. Ich sehe viele grinsende Gesichter, wenn ich durch deine Stadt spaziere. Doch dieses Grinsen ist gefroren – gefroren wie das Herz der Menschen, die dir so entgegenkommen. Sie grinsen meist, um ihre Leiden zu verbergen. Dein Lächeln aber wird das Eis in den Herzen schmelzen. Am Anfang nur bei dir, doch später auch bei anderen.

Wenn du gelernt hast, in dein Herz zu spüren, dann wirst du auch die Sprache, die es spricht, verstehen. Es spricht mit seinem Schlagen, das jederzeit genau verrät, wie es um dich bestellt ist. Bei uns gibt es ein altes Wort, das sagt: »Wann immer du zu deinem Herzen sprichst, wird es etwas erwidern. Jetzt ist die Zeit gekommen, dass wir lernen, unserem Herzen zuzuhören.«

Wenn du mit deinem Herzen lächelst,
änderst du die Welt.

Es gibt sehr viele Arten von Herzschlägen – kräftige und schwache, schnelle und langsame, laute und leise. Jeder Schlag, jeder Rhythmus hat dir etwas zu sagen. Das hüpfende Herz in der Brust eines Kindes verrät dir seine Freude, ein zaghaftes Pochen erzählt von seiner Angst. Jedes Gefühl hat seinen Herzschlag. Wenn du darauf zu achten lernst, findest du dich selbst. Das Herz sagt dir präzise, wo du stehst. Deshalb ist es so wichtig, die Stimme des eigenen Herzens zu kennen.

Die wenigsten Menschen aber hören sie. Sie wissen nicht einmal, dass es sie gibt. Die Männer noch weniger als die Frauen, die oft einen natürlichen Zugang zu ihrem Herzen haben. Aber auch sie sind gefährdet. Überall lauern Ablenkungen, tönen Worte und Klänge, die es unmöglich machen, das Pochen des eigenen Herzens zu hören.

Das Leben feiern

Hör auf die Stimme des Herzens

Schon viele Herzen habe ich schlagen gehört. Selten aber klang eines so, wie es seiner Bestimmung entspricht: stark und kraftvoll, mutig und beherzt. Die meisten Herzen sind gedrückt. Sie sagen mir, dass sie in Menschen schlagen, die ihr Gleichgewicht verloren haben, die nicht bei sich zu Hause sind; bei Menschen, die nicht lächeln und die nur ein schattenhaftes Leben führen. So willst du nicht leben, oder?

Das ist das Wunderbare: Wenn du das Tor zu deinem Herzen öffnest, wenn du sein Schlagen spürst und seine Stimme hörst, dann weißt du immer, wo du bist. Das Herz zeigt dir genau, wie weit du dich von dir entfernt hast; wo du dein Gleichgewicht verloren hast. Es ist dein bester Heiler. Denn immer hat es nur ein Ziel: dich in die Harmonie zu führen – ins Gleichgewicht mit dir und mit den Menschen. Dorthin, wo du bei dir zu Hause bist.
Es gibt bei uns ein altes Gebet:

> *»Meine Hoffnung ist, dass wir alle einen starken Herzschlag haben, sodass wir alle gemeinsam gedeihen können.«*

Und da es sich um deinen eigenen Herzschlag handelt, so darfst du sicher sein: Wenn du mit deinem Herzen sprichst, wird es zu dir sprechen. Es ist an dir zu lernen, auf dein Herz zu hören.

Wie du deine Schönheit feierst
– Sonnenaufgang –

Weißt du, wie schön du bist? Und weißt du, wem du deine Schönheit verdankst? Dem Licht der Sonne verdankst du sie. Feiere ihren Aufgang. Du wirst dich deiner Schönheit erinnern und Licht in deinen Alltag bringen.

Vor vielen Jahren traf ich einen alten Mann. Wir lebten damals in Nuuk, der Hauptstadt Grönlands. Der Mann war von weit her gekommen, aus Ostgrönland, dort, wo das Große Eis ins Nordmeer reicht. Er war ein Ältester und ich ein junger Mann. Er sagte mir: »Weißt du, ich komme aus dem Land, wo wir die Ersten sind, die morgens die Sonne aufgehen sehen. Und wenn sie aus dem Meer zum Himmel steigt, dann kommt sie mit Gebrüll. Wenn du sie siehst, wenn du ihr Tosen hörst, dann fühlst du dich ganz klein und unbedeutend. Wir sorgen uns, dass das Gebrüll der Sonne die schwache Stimme von uns Menschen übertönt. Und deshalb singen wir so laut wir können, so oft die Sonne aufgeht. Damit der Schöpfer unsere Stimmen hört.« Und dann erhob der Älteste seine Stimme und sang mir ein Lied aus seiner Heimat – aus voller Brust, mit lauter Stimme. Er hat mir dieses Lied geschenkt und seither singe ich es immer wieder. Es erinnert mich daran, wie heilsam und stärkend es ist, am Morgen die aufgehende Sonne zu begrüßen – mit lauter Stimme, mit Gesang.

Hast du die Sonne jemals so begrüßt? Du kannst es täglich tun. Es ist nicht schwer herauszufinden, um welche Uhrzeit sie aufgeht. Und selbst an bewölkten Tagen kannst du ihrem Kommen beiwohnen. Die Ältesten meines Volkes sagen: »Wenn die Sonne untergeht, senkt sich die Dunkelheit herab. Dann ist es uns nicht länger möglich, unsere Schönheit zu sehen.« Doch wenn sie wiederkommt und wenn es hell wird, dann ist die rechte Zeit gekommen, dich deiner Schönheit zu vergewissern. Und das ist wichtig.

Wir müssen unsere Schönheit sehen, um in uns Kraft und Lebensfreude gedeihen zu lassen.

Grüße den Tag

Deshalb ist die Zeremonie des Sonnenaufgangs in meiner Heimat ein Fest der Schönheit – ein Fest, das du jeden Tag feiern kannst. In Grönland können wir das nicht. Dort zeigt die Sonne sich in vielen Teilen unseres Landes im Winter gar nicht mehr. Und erst im März erfolgt nach langen Monaten des Wartens der erste Frühlingssonnenaufgang. Kannst du erahnen und ermessen, wie wichtig es uns ist, sie würdig zu begrüßen? Monatelang saßen wir ums Feuer und konnten unsere Schönheit nur im Flammenlicht erkennen. Es wärmte uns und half die Nacht ertragen. Doch wenn die Sonne dann endlich am Horizont erstrahlt, dann ist es so, als käme neues Leben.

Die Sonne kommt, damit wir unsere Schönheit sehen können – und all die Schönheit unserer großen Mutter Erde.

Hast du das je bedacht? Oder erscheint es dir als selbstverständlich, dass jeden Morgen neu die Sonne dir ihr Licht schenkt? Es ist nicht selbstverständlich, glaube es mir. Die Sonne kommt mit Tosen und Gebrüll, damit die Welt im Licht der Schönheit glänzt – damit du dir der Schönheit dieser Welt bewusst wirst, damit du deine eigene Schönheit strahlen lässt und dich an ihr erfreust – damit du deine eigene Schönheit feierst und ihren Glanz den Menschen um dich schenkst. Ein jeder Tag wird dir zum Fest, wenn du ihn mit einer Sonnenaufgangszeremonie begrüßt.

Steh zeitig auf
Wie gerne würde ich mit dir im Morgengrauen aus dem Haus gehen, um gemeinsam diese Zeremonie zu feiern. Doch kannst du es auch allein tun. Finde heraus, zu welcher Zeit die Sonne aufgehen wird.

Steh zeitig auf, damit du etwa eine halbe Stunde vor Sonnenaufgang einen Platz gefunden hast, an dem du dich ungestört und in Ruhe auf ihr Kommen vorbereiten kannst.

Wenn du im Freien bist und keine Gefahr besteht, kannst du ein kleines Feuer entzünden. Oder du entzündest eine Kerze. Nun schau ins Licht und sieh durch diese Flamme mit wachen, frischen Augen auf dich selbst. Nimm deine eigene Schönheit wahr. Sieh dich im frischen Licht des jungen Morgens, als sähest du dich zum allerersten Mal.

Und dann berühre dich, vom Fuß bis zu den Haaren. Spüre die Wärme deiner Haut und fühle, wo sie rau ist oder weich. Betaste deine Knochen und Gelenke. Tue das mit einem offenen Herzen. Erfreue dich dieses großartigen Geschenkes, das dir gemacht ist: dein Leib, in dem du schon seit Jahren wohnst und den du, wenn du ehrlich bist, die meiste Zeit deines Lebens ignoriert hast.

Jetzt, kurz vor Sonnenaufgang, ist es an der Zeit, ihn wahrzunehmen und seine Schönheit zu würdigen. Dann siehst du, wie um dich im ersten Licht die Welt in ihrer Schönheit aufersteht. Sie ist ein Spiegel deiner eigenen Schönheit. Und höre auf den Gesang der

Vögel, die alle nun ihr Lied erklingen lassen. Indem sie singen, feiern auch sie deine Schönheit. Ja, spüre auch die Morgenluft auf deiner Haut. Sie weht dich an, damit du deiner Schönheit innewirst.

Nun bist du vorbereitet. Nun kannst du die Sonne begrüßen. Öffne dein Herz für sie und lass ihre Wärme und ihr Licht in es hinein. Begrüße sie mit einem Dank für deine Schönheit. Bedanke dich bei ihr, dass sie dich nun einen ganzen neuen Tag lang mit ihrem Licht umspielen wird, sodass du allen Menschen deine Schönheit zeigen darfst. Und danke ihr dafür, dass sie dich nährt mit ihrem Licht und deine Schönheit immer größer, tiefer werden lässt. Sie wird es tun, da kannst du sicher sein. Wenn du es magst, kannst du auch für sie singen. So wie es die Menschen in Ostgrönland tun. Das solltest du allerdings nur tun, wenn du allein bist und niemanden um den Schlaf bringst.

Es gibt keine schönere Art, den Tag zu beginnen. Du wirst mit gehobenem Geist dein Tagwerk verrichten. Du wirst in deiner Schönheit leuchten und die Menschen deiner Umgebung an ihre Schönheit erinnern. Wirst du ihnen dieses Geschenk bereiten und sie lächeln lassen?

Wie du wieder klar wirst
– Räuchern –

Fühlst du dich manchmal benebelt? Bist du niedergeschlagen und leidest unter dem Druck von Lasten und Sorgen? Dann solltest du dich reinigen – dein Herz und deine Sinne, deine Gedanken und deine Gefühle. Dazu dient das Räuchern. Es hilft dir, wieder neu und kraftvoll zu beginnen.

Es gibt Tage, an denen weißt du nicht so recht, was du eigentlich willst. Du fühlst dich verwirrt und bist nicht richtig klar im Kopf. Manchmal sind deine Gefühle verschwommen und du kannst die Stimme deines Herzens nicht vernehmen.
Oder dein Blick in die Welt ist trübe und du findest einfach nicht den rechten Bezug zu deiner Umgebung und zu den anderen Menschen. An solchen Tagen ist es gut zu räuchern.

Das Räuchern schafft dir Klarheit, es reinigt deinen Kopf und deine Sinne. Es wird dir auf allen Ebenen guttun.

Wir indigenen Menschen räuchern bei allen möglichen Gelegenheiten. Wenn du mich in Grönland besuchen kommst, wirst du häufig Menschen sehen, die mit einem Bündel glimmender Salbeiblätter oder anderem Räucherwerk zugange sind – nicht nur bei den Zeremonien, sondern auch im alltäglichen Leben. Auch bei euch gibt es Spuren davon, nicht nur in den Kirchen, wo mit Weihrauch geräuchert wird. In ländlichen Gegenden räuchern die Menschen ihr Haus aus, um es gründlich zu reinigen. Andere zünden Räucherwerk zu ihren Meditationen und Gebeten an. Hast auch du schon mal geräuchert? Es wird dir guttun.

Lade den Rauch zu dir ein

Meine Großmutter Aanakasaa hat viel geräuchert. Ihr verdanke ich die Lehre des Räucherns. Sie sagte: »Von allen geschaffenen Dingen ist der Rauch das Einzige, was sich vor deinen Augen auflöst. Deshalb lade den Rauch zu dir ein, damit er dich reinigt und klärt.« Ich habe mich daran gehalten und ich kann dir versichern:

> *Wenn du räucherst, wirst du erleben, dass sich Gedanken und Gefühle, die dich belasten und benebeln, buchstäblich in Rauch auflösen.*

Denke nur daran, wie viel es aufzulösen gibt! Bewegst du nicht auch hin und wieder dunkle Gedanken? Redest du nicht auch manchmal schlecht von anderen? Hast du nicht auch schon einmal die Unwahrheit gesagt – und Dinge getan, für die dein

Herz sich schämt? Und sicher weißt du auch, wie es ist, wenn Vorurteile und Meinungen dir den Blick verstellen, sodass du nicht mehr die Schönheit im Antlitz der anderen erkennen kannst. Und wie es ist, wenn du die Menschen und Dinge dieser Welt nur noch als Gebrauchsgegenstände siehst, die du dir nutzbar machen kannst. Dann ist es an der Zeit zu räuchern.

Der Rauch wird die Verwirrung von dir nehmen und deinen Geist und deine Sinne klären.

Das Räuchern reinigt deinen Mund. Du wirst nicht länger schlecht von anderen reden, wirst andere nicht mehr kränken, wenn erst dein Mund geräuchert und gereinigt ist.

Das Räuchern reinigt deine Augen. Du wirst die Welt und auch die Menschen erneut in ihrer Schönheit sehen, wenn erst deine Augen rein sind, wenn dein Blick gereinigt ist.

Das Räuchern reinigt deine Ohren. Du wirst nicht länger nur das Schlechte und das Böse hören wollen, sondern das Gute in der Welt vernehmen.

Das Räuchern reinigt auch dein Herz und die Menschen um dich werden deine Schönheit sehen, wenn sich der Rauch verflüchtigt hat.

Unbefangen neu beginnen

Das Räuchern reinigt deine Hände. Was du getan hast, ist getan und nichts und niemand kann es ungeschehen machen; selbst wenn du um Verzeihung bittest und Wiedergutmachung versuchst. Es bleibt ein Schatten, eine Scham in deinem Herzen. Doch der Rauch hebt diese Last hinweg und lässt dich neu beginnen. Wir Indigenen waschen unsere Hände im Rauch, um unbelastet Neues anzufangen. Dabei bitten wir den Schöpfer, er möge uns an Herz und Sinnen reinigen. Und das geschieht. Ich habe es tausendmal erfahren: Der Rauch steigt auf und er nimmt alles mit, was dich belastet. Vor dir liegt eine neue Welt. So wie sich an einem Herbsttag der Nebel lichtet und du im Sonnenlicht die Dinge klarer siehst.

Wir räuchern auch vor schwierigen Entscheidungen. Oder wenn wir mit einem neuen Job beginnen. Wir räuchern, um uns vor einer Zusammenkunft mit anderen zu sammeln. Besonders im Zusammenhang von Heilung ist das Räuchern wichtig. Es unterstützt die Kräfte deines Körpers und hilft dir, die innere Balance zu finden.

Entzünde dein Räucherwerk, vielleicht Wacholder oder Salbei, in einer feuerfesten Schale und warte, bis es brennt. Dann schwenke es oder blase hinein, sodass die Flamme erlischt und nur die Glut bleibt. Jetzt siehst du, wie der Rauch aufsteigt. Betrachte ihn und schau ihm dabei zu, wie er sich auflöst. So sollen sich auch Sorgen und Lasten, die dich bedrücken, in Rauch auflösen.

Dann wäschst du dir die Hände in dem Rauch, um dich zu reinigen. Wenn du dir das bewusst gemacht hast, streichst du den Rauch über dein Gesicht zu deinen Augen mit der Bitte, dass du nur Gutes und die Schönheit aller anderen erblicken mögest. Du führst ihn dann zu deinen Ohren mit der Bitte, dass du nur Gutes hörst; und dann zu deinem Mund, wobei du deinen Schöpfer bittest, dass du nur Gutes reden mögest. Und weiter streichst du ihn zu deinem Herzen und bittest dabei deinen Schöpfer, dass deine Schönheit sichtbar werde in der Welt. Dazwischen reibst du jeweils deine Hände in dem Rauch – ganz so, als wüschest du sie unter fließendem Wasser.

Zuletzt spüre in dich und lass die Wirkung des Räucherns nachklingen. Du kannst auch fortfahren und mit dem Rauch deine Arme und Beine, deinen Bauch und deine Brust bestreichen. Ganz wie du willst, solange du gesammelt bleibst. Zuletzt beende dein Räuchern mit einem Dank. Dann wirst du kraftvoll und aufrecht hinausgehen – so wie es deiner Bestimmung entspricht.

Du siehst: Das Räuchern kann dir eine große Hilfe sein. Wirst du es erproben wollen? Es braucht dafür nicht viel. Für eine kleine Reinigungszeremonie ist es nicht so wichtig, welche Pflanzen du verwendest. Wir Indigenen nutzen solche Pflanzen, die wir als Medicine von Mutter Erde kennen. »Medicine« ist im Verständnis von uns Grönländern  sehr viel mehr als Medizin, weswegen ich es auch nicht in deine Sprache übersetzen möchte. Es gibt in deiner Heimat eine Menge Pflanzen, die sich zum Räuchern bestens eignen; zum Beispiel der Wacholder oder auch der Salbei.

Ahnst du die Schönheit des Räucherns?

Wirst du die Zeremonie des Räucherns erproben? Wirst du es wagen, deinen Blick zu reinigen und unschuldig und rein den Menschen zu begegnen – und auch dir selbst? Denn wisse: Wenn der Rauch sich hebt, wirst du dir selbst auf neue Art begegnen und dich so sehen, wie du wirklich bist. Wenn du ihm aus der Tiefe deines Herzens vertraust, wird der Rauch all das Kranke, das du in dir trägst, entfernen. Bist du dazu bereit?

Das Leben feiern

WAS DICH REINIGT UND BEFREIT
– FEUER –

Trägst du in dir alte Wunden? Lastet ein Gram
auf dir? Bedrückt dich eine Trauer? Das heilige
Feuer wird dich reinigen. Ihm kannst du
deinen Kummer anvertrauen. In seinen Flammen
öffnet sich dein neuer Weg.

Das Feuer hat bei uns eine große Bedeutung. Nicht
nur, weil es uns an eisig kalten Tagen wärmt und
uns in den langen Winternächten Licht schenkt,
sondern vor allem, weil es im Zentrum der meisten
unserer Zeremonien brennt.

Ein Feuer zu entzünden, ist für uns ein Fest.

Ich liebe es, achtsam das Feuerholz zu richten, die
Scheite zu entzünden und zuzuschauen, wie die
Flammen zu züngeln beginnen. Und wenn das
Feuer dann kraftvoll entflammt ist, lege ich gern
den Kopf in den Nacken und schaue zu, wie die
Lichtfunken zum Himmel steigen und sich dort
mit den Sternen vereinen.
Aber es ist für uns Grönländer nicht so leicht, ein
prächtiges Feuer zu machen. Jahrzehntausende
lang war es beinahe unmöglich. Denn es gab keine
starken, aufrechte Bäume, kaum Holz. Das Feuer,

das wir vor allem kannten, war der glimmende Docht einer Lampe, der von Seehundfett genährt wird. Feuerholz oder andere Brennstoffe mussten per Schiff ins Land gebracht werden.

Das war schmerzlich, denn so war es uns nicht möglich, das Heilige Feuer zu entfachen. Bis vor Kurzem. Denn die Welt ist im Wandel. Es ist wärmer geworden in Grönland. Das Große Eis schmilzt und Bäume richten sich auf. Was noch vor fünfzig Jahren undenkbar schien, ist Wirklichkeit geworden: Es gibt bei uns Wälder. Und das Heilige Feuer ist zurückgekehrt. Wir haben es im Sommer des Jahres 2009 in Grönland entzündet. Schamanen und Älteste aus allen Teilen der Welt hatten sich dafür am Rande des Großen Eises versammelt. Sie wurden Zeugen der Erfüllung einer sehr, sehr alten Prophezeiung:

Eines Tages, wenn die Welt es am nötigsten hat, wird das Heilige Feuer zurückkehren zu den Menschen auf dem Scheitel der Erde.

Diese Zeit ist gekommen – und wahrhaftig: Die Welt ist in Not, die Welt ist bedürftig. Sie braucht das Heilige Feuer. Sie braucht seine nährende und heilende Kraft, sie braucht seine reinigende und stärkende Kraft. Sie braucht seine Kraft, um das Eis in der Menschen Herz zu schmelzen, damit sie ihr Wissen weise anzuwenden lernen.

Das Leben feiern

So feierten wir in Grönland die Zeremonie des Heiligen Feuers und vertrauten ihm unser Gebet an: das Gebet für einen Neuanfang, für einen Wandel in der Welt. Wir sprachen unsere Gebete ins Feuer hinein und sandten ihnen unseren Atemhauch nach. Ganz wie wir es immer tun, wenn wir beten.

Ort der Sammlung

Das Feuer ist ein guter Ort der Sammlung. Am Feuer kannst du meditieren, du kannst dort beten oder träumen, vor allem kannst du alle deine Sorgen dem Feuer und dem Schöpfer übergeben. Das Feuer hilft dir, Altes hinter dir zu lassen. So wirst du rein und frei für neue Wege. Vor allem hilft es dir, verdrängte Trauer oder Kummer freizulassen.

Lass mich dir dazu eine Geschichte erzählen: Hoch oben im Norden Kanadas hatte die Verwaltung einige Inuit-Eskimo-Stämme gezwungen umzusiedeln. Menschen, die bislang weit verstreut in kleinen Gemeinschaften gelebt hatten, wurden mehr oder weniger gewaltsam in einem Dorf von 900 Menschen zusammengepfercht. Viele litten darunter, es herrschte eine große Niedergeschlagenheit. Und nun sollte ich sie darin unterstützen, zu einer Gemeinschaft zusammenzuwachsen.

Was konnte ich tun?

Ich entzündete ein großes Feuer. Zehn Tage lang sollte es brennen. Ich sprach Gebete, räucherte und bat den Schöpfer um seinen Beistand. Mit der Zeit kamen einige Bewohner. Sie setzten sich dazu, starrten in die Flamme und teilten ihre heilige Stille. Das Feuer loderte Tag und Nacht. Schließlich begann ich zu reden. Ich erzählte von meinen Sorgen und Ängsten, von allem, was mich bewegte – und das Feuer nahm alles auf. Nachdem ich gesprochen hatte, ergriff eine Älteste das Wort. Sie öffnete ihr Herz und sprach von ihrer Trauer darüber, dass sie ihre Heimat verlassen musste, und von ihrer Angst vor den vielen unbekannten Menschen. Und alles nahm das Feuer auf. Das Eis begann zu schmelzen. Einer nach dem anderen erhob seine Stimme, Männer und Frauen schütteten ihr Herz aus, alte Wunden und Konflikte kamen ans Licht, Tränen wurden vergossen, die Menschen rückten zusammen. Das Feuer nahm alles auf und reinigte die Herzen.

Die Tränen verbrennen

Ich hatte große Beutel aufgestellt und bat die Menschen, ihre Tränentücher hineinzugeben. Am zehnten Abend versammelten sich alle am Feuer. Ich lud sie ein, die Tränentücher zu verbrennen und ihren Gram und Zorn, die Bitterkeit und Trauer den Flammen zu übergeben. Ich sprach zu ihnen von meiner Großmutter, die sagte: »Die Zeit wird kommen, wo du dich entscheiden musst, welchen Weg du einschlägst. Jeder Weg vor dir ist schwierig. Und doch musst du entscheiden. Das ist die Zeit, da die Sterne am Himmel stillstehen und die Schemen der Vorfahren bei ihrem Tanz im Nordlicht innehalten, um dir zuzuschauen, für welchen Weg du dich entscheidest.«

In dieser Nacht wählten die Menschen den Weg des Loslassens. Einer nach dem anderen verbrannte seine Tränentücher. Sie übergaben das Geschehene dem Feuer. Sie beteten zum Schöpfer und hauchten den Gebeten den Atem des Lebens ein. So stiegen ihre Tränen zum Himmel, wo sie mit den Feuerfunken verglommen.

Auch du kannst dich auf diese Weise von den Lasten des Geschehenen befreien. Auch du kannst deine Trauer dem Feuer übergeben, auf dass es sie zum Großen Himmel hebe.

Wenn Kummer dich bedrückt und deine Tränen fließen, dann sammle deine Tränentücher ein. Wenn es dir möglich ist, entfache ein Feuer, vielleicht in einer Feuerschale. Sammle dich, öffne dein Herz, gib deine Trauer frei. Vertraue sie dem Feuer an und sprich dazu deine Gebete. Verbrenne dann die Tücher und gib ihnen den Atemhauch des Lebens mit – sodass aus ihrer Asche neues Leben wachse und eine neue Zukunft dir geschenkt wird. Das Feuer wird dich heilen.

Wie du stark und beweglich bleibst
– Süssgras –

Fühlst du dich manchmal wie erstarrt? Bist du oft
müde und erschöpft? Dann fehlt dir die innere
Balance. Nur wenn du mit dir im Einklang bist,
wirst du beweglich und agil sein.

Ich gehe gern in die Sauna. Vor allem, wenn ich auf
Reisen bin. Meistens treffe ich den ganzen Tag
Menschen und führe viele Gespräche. Das geht
nicht spurlos an mir vorbei. Da ist es gut, abends in
die Sauna zu gehen. Dort finde ich mein Gleichgewicht wieder. Dort gelingt es mir, meinen Körper,
meinen Verstand und meinen Geist miteinander in
Balance zu bringen. Und das ist wichtig. Weil ich
anders den Anforderungen meines Alltags nicht
standhalten würde; weil ich sonst Gefahr laufen
würde, starr und unbeweglich zu werden, rechtha-
berisch und unduldsam. Wie aber könnte ich dann
meiner Bestimmung folgen und aufrecht und
kraftvoll auf der Erde wandeln?
Bist auch du manchmal in Sorge, du könntest erstarren und deine Beweglichkeit verlieren? Oder
bist du manchmal erstarrt: unduldsam, rechthabe-
risch, unbeweglich? Dann brauchst du eine Sauna
oder irgendeinen anderen Ort, an dem du dich mit

Das Leben feiern

dir verbinden kannst; an dem du die Balance von Geist, Verstand und Körper wiederfindest und sie geschmeidig und beweglich werden.

Lass mich von meiner Großmutter erzählen. Aanakasaa war nicht nur eine große Heilerin. Sie war auch eine Meisterin der Flechtkunst. Ich liebte es, ihr beim Flechten zuzuschauen. Und noch nach all den Jahren habe ich den Geruch von Süßgras in der Nase, aus dem sie vorzugsweise ihre Körbe flocht. Dieser Geruch ist unvergleichlich. Wir sagen, dass das Süßgras die Sprache des Schöpfers spricht – weil es getrocknet diesen lieblichen Duft verströmt und gleichzeitig mit seiner glatten Haut in Dankbarkeit das Licht des Großen Einen widerspiegelt. Ich wünsche dir, dass du eines Tages am Süßgras riechen wirst. Es wird dich stärken und es wird dich heilen.

Du bist zerbrechlich

Dann wirst du die Lehre vom Süßgras verstehen, die meine Großmutter Aanakasaa mir gab: »Du und ich, wir sind zerbrechlich wie ein Grashalm.« Und da sie diese Worte sprach, zerbröselte sie einen trockenen Halm mit ihren alten Fingern. »So zerbrechlich sind wir«, sagte sie. »Ja, so zerbrechlich ist dein Körper. Man braucht nicht viel, um ihn zu töten. Ein kleiner Sturz kann dir die Knochen brechen, ein kleiner Unfall dir das Leben rauben. Auch dein Verstand ist sehr zerbrechlich. Du magst dir einbilden, er sei unzerstörbar, aber so ist es nicht. Auch er ist leicht zu knicken. Ja, selbst dein Geist kann dir gebrochen werden.«

Dann nahm sie eine Handvoll Halme und flocht sie zu einem festen, starken Zopf. »Sieh, das ist die Lehre, die das Süßgras dir zu geben hat: Wenn du deinen Körper, deinen Verstand und deinen Geist zusammenflechtest, dann bricht dich nichts mehr, dann bist du flexibel, du hältst allem stand.« Und dabei bog und zerrte sie am Zopf aus Süßgras – und kein Halm brach.

Sie sagte: »Wenn du deinen Körper, deinen Verstand und deinen Geist zusammenflechtest und in die Balance bringst, wird dein Verstand erstarken – du wirst das Denken anderer akzeptieren, wirst es gelten lassen. Und auch dein Geist wird stark, nun hat er Kraft genug, die Schönheit und Essenz im Glauben anderer zu erkennen. Wenn aber dein Verstand und auch dein Geist stark geworden sind, dann wird auch dein Körper fließend und flexibel sein, beweglich und agil.«

Verbinde dich mit dir

Ich habe oft erfahren, dass diese Lehre wahr ist. Wenn du mit dir im Einklang bist und Körper, Verstand und Geist miteinander verflochten sind, dann wird dein Körper kräftig und gesund sein. Dann wird er dich durch deinen Alltag tragen und du wirst allen Herausforderungen gewachsen sein.

Auch dein Verstand wird beweglich und agil sein. Du wirst flexibel und vernünftig reagieren, du wirst das Wissen und die Kenntnis anderer erkennen. In dir wird dein Geist zur Weisheit reifen.

Wenn du jedoch dein Gleichgewicht verlierst, wirst du dich müde durch den Alltag schleppen. Dein Körper wird erschöpft sein und um Ruhe betteln. Dein Verstand wird erstarren und erkalten, er wird berechnen, statt zu denken. Und schließlich wirst du innerlich und äußerlich zerbrechen. Denn unverbunden ist alles porös.

Wenn du stark und beweglich bleiben willst, dann lerne das vom Süßgras: Verbinde dich mit dir und bringe dich ins Gleichgewicht. Die Zeremonien werden dir dabei zugute kommen. Das Leben ist eine Zeremonie – wert, mit einer Zeremonie gefeiert zu werden. Schaffe dir eine Zeremonie des inneren Verflechtens. Nimm dir Zeit für deinen Körper, werde dir seiner bewusst; nimm dir Zeit für deinen Geist, auf dass er sich in dir erhebt; nimm dir Zeit für deinen Verstand, damit du gute Dinge denkst. Und achte darauf, dass alle drei verbunden sind. Dann wirst du jedes Ziel erreichen können. Dann wirst du wie das Süßgras das Licht des Großen Himmels spiegeln.

VERANTWORTUNG
ÜBERNEHMEN

Weißt du, wie reich beschenkt du bist? Dein Leben ist dir geschenkt, die Luft zum Atmen ist dir geschenkt, die Kultur und Sprache deines Landes sind dir geschenkt, das Licht der Sonne, die Stille der Nacht, die Liebe deines Mannes, deiner Frau, deine Kinder sind dir geschenkt, das Lächeln eines Fremden ... Ahnst du, dass diese Liste nie zu einem Ende kommen wird?

Das Beste und Wichtigste ist dir geschenkt. Du hast es nicht gekauft, du hast es nicht gemacht. Es ist dir gegeben. Weißt du, welche Verantwortung du übernimmst, wenn du eine Gabe annimmst? Wenn du diese Frage wirklich an dein Herz nimmst, glaube mir, dann wirst du nicht mehr so leben können wie bisher. Dann wird sich dein Alltag verändern. Dann wirst du bewusster und achtsamer mit dir umgehen, mit mir umgehen, mit allem umgehen.

Wie du Gaben empfängst
– Dankbarkeit –

Weißt du, was es heißt, ein Geschenk anzunehmen? Weißt du, dass du damit die Verantwortung übernimmst, dich dieser Gabe würdig zu erweisen? Dankbarkeit zeigt sich darin, dass du dir von einem Geschenk etwas sagen lässt.

Wenn du mich in meiner Heimat besuchen kommst, mag es geschehen, dass ein Ältester dir ein Geschenk überreicht. Was wirst du dann tun? Vielleicht wirst du Danke sagen und es einstecken. Oder du sagst: »Aber das wäre doch nicht nötig gewesen!« Und dann zierst du dich. Wenn du so etwas sagst oder tust, verrätst du damit, dass du keine Ahnung von der Bedeutung des Schenkens hast. Und ehrlich gesagt: Das trifft für die meisten Menschen in deinem Land zu. Es schmerzt mich zu sehen, dass ihr den Sinn fürs Schenken und Euch-beschenken-Lassen verloren habt. Ihr verschenkt Geld oder Gutscheine. Oft schenkt ihr euch gar nichts mehr. Das ist traurig.

Wenn dir in meiner Heimat ein Ältester ein Geschenk macht, dann will er dir etwas damit sagen. Es ist persönlich an dich adressiert. Und es ist dafür da, dich darin zu unterstützen, deine Kraft und Schönheit erblühen zu lassen. Das ist es, was wir eine Medicine nennen. Dabei darfst du nicht an Hustensaft oder Antibiotika denken. Eine Medicine stärkt dich und gibt dir Kraft, indem sie dir die Richtung weist. Sie heilt dich, indem sie dich darin unterstützt, dein Gleichgewicht zu finden und deiner Bestimmung zu folgen. Denn nur wenn du im Gleichgewicht mit dir bist und deiner Bestimmung folgst, wirst du gesund sein.

Gaben sind Aufgaben

Wenn dir in meiner Heimat ein Ältester ein Geschenk macht, dann nimm es entgegen wie eine Medicine. Es geht dich etwas an. Es ist nicht nur eine Gabe, sondern eine Aufgabe, die dir helfen wird, ein in dir schlummerndes Potenzial zu entfalten. Wenn du das Geschenk von ihm annimmst, dann sagst du damit:

> *»Ja, ich will mich dieses Geschenkes*
> *würdig erweisen. Ja, ich antworte auf*
> *dieses Geschenk, indem ich die*
> *Verantwortung dafür übernehme, seinem*
> *Anspruch an mich zu genügen.«*

Lass mich dir ein Beispiel geben: Ein Großvater schenkt seinem Enkel die Feder einer Schneegans. Damit will er sagen: »Erkenne dich selbst! Vertraue dir! Du kannst weite Strecken fliegen! Werde dir deiner Kraft und Schönheit bewusst!« Er sieht das

Potenzial des Kindes und möchte ihm dabei helfen, dieses Potenzial zu entfalten. Und der Enkel, der das Geschenk annimmt, sagt damit seinem Großvater: »Ja, ich werde fliegen lernen.« Er übernimmt die Verantwortung und ist bereit, sich des Geschenkes würdig zu erweisen.

Als ich sechs oder sieben Jahre alt war, bekam ich meine erste Medicine. Es war der Flügel einer Schneeammer, die bei uns für das neue Jahr steht. Ich verstand: Meine Aufgabe soll es sein, die frohe Botschaft des kommenden Jahres zu verkünden. Viele Jahre lang trug ich den Flügel mit mir, bis er ganz zerfleddert war. Doch noch immer bemühe ich mich, meiner damals übernommenen Verantwortung gerecht zu werden und den Anbruch einer neuen Zeit zu verkünden. Heute bin ich ein alter Mann, der in seinem Leben unzählig viele Medicines erhalten hat. Wenn ich daheim bin, schaue ich sie an und frage mich: Bin ich meiner Aufgabe nachgekommen? Habe ich mich der Geschenke würdig erwiesen? Welche Medicine brauche ich für meinen nächsten Schritt?

Glaube mir: Es ist schön, von so vielen Gaben an seine Gaben erinnert zu werden. Aber gerade deshalb ist es so wichtig, achtsam und bewusst zu sein, wenn jemand dir ein Geschenk überreicht.

Wiegen und Erwägen

Hast du dir schon einmal überlegt, warum man Geschenke einpackt? Weil es so spannend ist, sie auszupacken? Weil es eine Überraschung sein soll? So sagt man bei euch. In meiner Heimat ist das anders. Natürlich sind auch bei uns die Kinder neugierig, was sie geschenkt bekommen. Und nicht nur die Kinder. Wenn Geschenke überreicht werden, laufen alle herbei und wollen wissen, was du geschenkt bekommen hast. Aber niemand wird das Geschenkpapier einfach aufreißen und wegschmeißen. Vielmehr wird er das verpackte Geschenk in die Hand nehmen, es wiegen, erwägen. Warum? Um sein Gewicht zu ermessen – um sich zu fragen, ob er es annehmen kann.

Als einige Familien in Ontario mich fragten, ob ich ihr Ältester sein wolle, und mir ein Geschenk überreichten, reiste ich mit dem eingewickelten Geschenk 5000 Kilometer weit zu meiner Mutter und fragte sie, ob ich es öffnen solle. Sie nahm es, beschnupperte es von allen Seiten und sagte: »Sohn, du musst lernen, dich eines Ältesten würdig zu erweisen. Du musst wachsen, um dem gerecht zu werden.« Ich  habe es geöffnet und trage es immer mit mir – um meine Verantwortung nicht zu vergessen: in meine Aufgabe hineinzuwachsen.

Hast du schon einmal den Federschmuck eines nordamerikanischen Indianerhäuptlings gesehen? Glaube nicht, er trage diese Federn zur Zierde. Jede dieser Federn ist das Geschenk eines Ältesten, eines Clans oder einer Familie. Viele Menschen haben das Potenzial in ihm gesehen – die Schönheit und Kraft, die in ihm stecken. Die Zahl der Federn, die er trägt, zeugt von seiner Verantwortung. Welche Federn kannst du mir zeigen? Weißt du um deine Verantwortung?

Beschenktwerden heißt nicht, etwas zu bekommen, ohne es zu bezahlen. Beschenktwerden ist eine Zeremonie. Wirst du sie lernen?

Der nächste Geburtstag kommt gewiss. Und wenn du ein Geschenk empfängst, frage nicht: »Was mag das gekostet haben?« Frage auch nicht: »Wie kann ich mich revanchieren?« Sondern frage dich sehr ernsthaft: »Was hat mir dieses Geschenk zu sagen? Hat es mir überhaupt etwas zu sagen?«

Nichtssagende Geschenke sind bedeutungslos. Aber wenn du die Bedeutung eines Geschenkes ahnst, dann frage dich: »Werde ich mich dieses Geschenkes würdig erweisen?« Nimm es nur an, wenn du auf diese Frage mit Ja antworten kannst. Und dann erweise dich des Geschenkes würdig.

Verantwortung übernehmen

Wenn du Geschenke bewusst und achtsam auf diese Weise annimmst, bekundest du deine Dankbarkeit. Wirklicher Dank sind nicht ein paar artig dahergesagte Worte. Dankbarkeit ist die Bereitschaft, sich eines Geschenkes würdig zu erweisen. Wenn du einem Kind Malfarben schenkst, weil du ein schöpferisches Potenzial in ihm erkennst, dann ist es sein schönster Dank, wenn es mit den Farben verschwindet und den Rest des Tages malt. Dankbarkeit heißt, Verantwortung für eine Gabe zu übernehmen.

Lerne das Dich-beschenken-Lassen. Übe es im Kleinen – beim nächsten Geburtstags- oder Weihnachtsfest.

Empfange bewusst. Wenn es dir im Kleinen gelingt, wird es dir auch im Großen gelingen. Dann wirst du lernen, dich der Geschenke des Lebens würdig zu erweisen. Fang gleich damit an. Ich schenke dir die Lehren der Ältesten. Wirst du dich ihrer würdig erweisen? Wirst du die Verantwortung für dein Leben übernehmen, diesen Lehren gemäß zu leben – zu schenken und zu empfangen?

Wie du Gaben bereitest
– Wegweisung –

Weißt du, was es heißt, andere zu beschenken?
Bist du dir dessen bewusst, welche Verantwortung du dabei übernimmst? Wenn du anderen etwas gibst, solltest du darauf achten, mit welcher Haltung du es tust.

Ich bin ein Heiler und Schamane. Wenn ich für andere Menschen etwas tun soll, dann schaue ich sie mir genau an. Ich spüre in sie hinein. Ich rieche ihren Geruch. Wusstest du, dass dein Geruch die Stimmung deines Geistes verrät? Wenn du zornig bist, hast du einen anderen Geruch, als wenn du entspannt bist. Der Geruch ist ein Bote des Geistes. Wenn wir uns eines Tages begegnen, werde ich an dir riechen. Dann werde ich sogleich wissen, in welcher Verfassung du bist. Das ist wichtig. Denn ich werde nur dann etwas für dich tun können, wenn ich weiß, wie es um deinen Geist bestellt ist. Vielleicht werde ich ein Lied für dich singen, vielleicht werde ich dir eine Medicine überreichen, vielleicht werde ich dir ein Geschenk machen. Ich habe schon davon gesprochen, was du tun wirst, um dich eines Geschenkes würdig zu erweisen – dass du meiner Gabe Antwort geben wirst, indem du die Verantwortung für sie übernimmst.

Verantwortung übernehmen

Aber wisse: Auch ich übernehme eine große Verantwortung, wenn ich dir eine Gabe bereite. Und auch du übernimmst eine große Verantwortung, wenn du anderen etwas gibst – wenn du ihnen ein Geschenk machst.

Bewusst oder gedankenlos?

Weißt du um deine Verantwortung als Geber? Schenkst du, um andere darin zu unterstützen, das in ihnen schlummernde Potenzial zu entfalten? Schenkst du, um sie erblühen zu lassen? Schaust du dir den Menschen an, den du beschenkst? Spürst du seinen Geist? Oder ist das Schenken für dich eine lästige Pflicht – ein Etwas-für-jemanden-anders-Kaufen? Schenkst du bewusst oder gedankenlos, wie so viele Menschen? Es schmerzt mich, das zu sehen: Ihr schenkt euren Kindern Gutscheine fürs Einkaufszentrum.

> *Wisst ihr, was ihr tut, wenn ihr schenkt?*
> *Fragt ihr noch nach dem Potenzial*
> *eurer Kinder?*

Schaut ihr noch auf das Herz derer, die ihr beschenkt? Wollt ihr sie unterstützen oder unterhalten? Ihr schenkt, wie ihr Handel treibt: »Was darf es kosten? Was hat der mir geschenkt? Muss ich dem jetzt auch was schenken?« Ahnst du, wie traurig mich das macht? Und ahnst du, welcher Schönheit ihr euch damit beraubt? Es ist die Schönheit der Beziehung, des Austauschs, der Konversation: die Schönheit der Liebe und Freundschaft von Menschen, die einander dabei helfen könnten, zu Schönheit und Kraft zu erblühen.

Eine Medicine zu überreichen, steht nicht jedermann zu. Nur jemand, der tief ins Leben geblickt hat und in der Lage ist, den Geist in einem anderen Menschen zu erkennen und das in ihm schlummernde Potenzial zu sehen, darf anderen eine Medicine geben.

> *Nur jemand, der um die Kraft und die Wirkung seiner Gabe weiß, darf sie anderen überreichen.*

Er muss nicht ein Schamane und auch kein Heiler sein – aber doch ein kundiger Mensch, der um seine Verantwortung weiß. Einer, der anderen nicht gedankenlos irgendetwas gibt.

Sei sorgsam!

Du könntest solch ein Mensch sein. Möchtest du es? Möchtest du durch deine Gaben andere dabei unterstützen, ihr Potenzial zu entfalten, ihrer Bestimmung zu folgen, ihr Gleichgewicht zu finden? Möchtest du die Kunst des Schenkens lernen, so wie sie ursprünglich gemeint ist? Sei sorgsam. Schau genau hin.

Ein Fest steht bevor und du bist eingeladen. Nun frage dich: Was wirst du schenken? Wirst du überhaupt etwas schenken? Wenn dir etwas an dem Menschen liegt, dann schenke ihm etwas. Aber verschenke kein Geld. Geld schenken heißt, sich aus der Verantwortung des Schenkens zu stehlen. Nimm dir lieber etwas Zeit. Frage nicht: »Was braucht er?« oder »Was wünscht sie sich?« Frage vielmehr: »Was inspiriert ihn?« oder »Was hebt ihren Geist?«

Frage nicht, was etwas kostet. Der Preis spielt keine Rolle – deshalb lasst ihr ihn ja auch entfernen, wenn ihr etwas »als Geschenk« einpacken lasst. Frage vielmehr: »Welches Potenzial schlummert in ihm?« »Welche Richtung kann sie nehmen, um ihre Schönheit erblühen zu lassen?« »Wird er mein Geschenk verstehen?« »Wird sie bereit sein, seinem Zuspruch zu lauschen?« Und dann verbinde dich innerlich mit diesem Menschen und warte, bis die Stimme deines Herzens dir sagt, welche Gabe du ihm bereiten sollst.

Ahnst du, welche Freude du in die Welt tragen könntest, wenn du auf diese Weise gibst? Doch wisse auch: Es wird dir nur gelingen, wenn der, den du beschenkst, bereit ist, deine Gabe würdig anzunehmen. Deshalb: Versichere dich, dass dem Menschen, den du beschenken willst, bewusst ist, was ein Geschenk bedeutet. Und wenn er dies nicht weiß, dann sprich zu ihm und erkläre, was du tust: Erkläre ihm, was es heißt, zu schenken, und was es heißt, beschenkt zu werden.

Zeugen sind wichtig

Und noch eines ist wichtig: Die Kraft des Schenkens entfaltet sich am besten, wenn andere zugegen sind, die das Geschenk bezeugen. In meiner Heimat ist es deshalb üblich, dass wir Geschenke in Gesellschaft überreichen und sie im Beisein anderer empfangen. Sie werden darauf achten, ob du deiner Verantwortung als Schenkender gerecht geworden bist – und ob der Mensch, den du beschenkst, bereit ist, sich der Gabe würdig zu erweisen.

Es ist nicht gut, wenn ihr euch nichts mehr schenkt. Es ist nicht wahr, dass ihr schon alles habt. Es schlummert noch unendlich vieles in euch, von dem ihr meistens gar nichts ahnt. Wann fangt ihr wieder an, einander anzuschauen? Wann fragt ihr, was den anderen inspiriert?

Wirst du damit beginnen, die Menschen, die du schätzt, mit guten Gaben zu beschenken? Du kannst es jederzeit erproben. Dann wird es deinen Geist erheben, Geschenke zu bereiten; dann wird es auch den Geist der anderen heben, von dir beschenkt zu werden.

Wie du deine Bestimmung entdeckst
– Wandern –

Hast du dich schon einmal gefragt, weshalb du
da bist? Weißt du, was deinem Leben Sinn und
Richtung gibt? Jeder Mensch hat seine Bestimmung. Sie zu entdecken, fällt jedoch den meisten
schwer. Beim Gehen findest du den Weg.

Wenn die Schatten immer länger werden und die
Beeren geerntet sind, beginnt bei uns die Zeit des
Wurzelsammelns. Dann feiern wir ein wunderschönes Fest, bei dem das ganze Dorf zusammen-
kommt, bevor ein jeder sich auf seinen Weg hinaus
begibt. Bei diesem Fest wird dir eine besondere,
persönliche Aufgabe gestellt. Sie soll dich darin unterstützen, deine persönliche Bestimmung zu entdecken – deinen eigenen Weg zu finden und das in
dir ruhende Potenzial zu entfalten.
Bei dieser Zeremonie kann es dir geschehen, dass
du beauftragt wirst, eine ganz besondere Pflanze zu
suchen, bevor du dich dem Werk des Wurzelsammelns widmest. Und dann ist deine Disziplin gefragt. Denn groß ist die Versuchung, unterwegs
nach anderem zu schauen, dich ablenken zu lassen
von den süßen Beeren, die hier und da noch an den
Sträuchern hängen. Du musst diesen Versuchun-

gen widerstehen, ganz bei deiner Aufgabe bleiben.
Sonst verzettelst du dich und du hast deine Wurzeln nicht beisammen, bevor der erste Schnee das Land bedeckt.

Lass dich nicht ablenken

Denn genau darum geht es: bei dir zu bleiben, dich auf das zu sammeln, was dir aufgetragen ist, dich nicht ablenken zu lassen. Nur wenn du diese Disziplin erlernt hast, wird es dir möglich sein, auch zu dir selbst zu finden. Nur dann wird dir zuteilwerden, was du auf deinem dir ganz eigenen Weg benötigst: die Wurzeln und die Pflanzen, die dich nähren, die Medizin, die dich kräftigt.

Kennst du deine Bestimmung?
Sei zu dir ehrlich!

Die wenigsten ahnen auch nur, dass sie so etwas wie eine Bestimmung haben. Sie sind dauernd beschäftigt, umtriebig, tätig. Sie lenken sich dauernd ab mit ihren Computern und mit ihren Telefonen. Wer fragt schon noch nach seiner Bestimmung? Und wer es tut, fragt häufig falsch.
Ich habe viele Menschen getroffen, die glauben, ihr Leben nach ihren eigenen Plänen und Wünschen gestalten zu können. Sie glauben, sie könnten ihre Bestimmung selbst festlegen, und fragen gar nicht erst, ob es eine Bestimmung gibt, die sie entdecken

müssen – die tief in ihnen verborgen liegt. Sie sind fixiert auf eine Idee oder ein Konzept, glauben, sie müssten einem Ideal entsprechen, das in Wahrheit nicht zu ihnen passt.

Annehmen, was kommt

Die Alten meines Volkes sagen: »Du musst lernen anzunehmen, egal was da kommt. Dann findest du zu dir. Dann entdeckst du deine Bestimmung.« Sie wird sich dir zeigen, wenn du achtsam und aufmerksam dafür bist, was das Leben dir bietet. Und wenn du dich, wenn die Zeit dafür gekommen ist, auf den Weg machst. Deshalb musst du achtsam sein. Du wirst deine Bestimmung sonst verfehlen. Dann aber wird dein Leben flach und freudlos sein. Dann wirst du nicht wissen, wohin du deine Schritte lenken sollst, wenn du den rechten Weg verloren hast oder voll von Zweifeln bist.

Wenn du noch nicht weißt, was deine Bestimmung ist, werden die Zeremonien dir helfen, sie zu finden. Alle Zeremonien bringen dich zu dir.

Heute lege ich dir diese Zeremonie ans Herz: Um deinen Weg und deine Bestimmung zu entdecken, ist es gut, in die Einsamkeit der Natur hinauszugehen. So wie wir es beim Fest der Wurzelsuche machen. Denn wenn du einsam und allein auf deiner

Mutter Erde schreitest, wirst du mit jedem Schritt dir näher kommen. Auch wenn du keine bestimmte Aufgabe zu verfolgen hast.

Ich gehe gern wandern. Wandern ist ein wunderbarer Weg zu dir. Vielleicht begleitest du mich eines Tages bei einer schamanischen Wanderung in Grönland. Da gehen wir nicht nur einfach durch die Natur, sondern wir gehen schweigend mit dem, was wir denken und fühlen. Wenn wir miteinander gehen, schauen wir einander nicht an und berühren einander nicht. Wir achten sorgfältig auf alles, was mit uns geschieht, wir lauschen tief in uns hinein. Das Denken wird sich dabei immer mehr beruhigen, Gefühle steigen auf.

Gefühle weisen dir die Richtung

Wusstest du, dass Gefühle ein kostbarer Kompass sind, wenn es darum geht, die eigene Bestimmung zu entdecken? Sie sind wie Seismografen, die dir haargenau zeigen, wie weit du dich von dir entfernt hast. Meine Großmutter Aanakasaa sagte: »Geh mit dem, was du denkst und fühlst.« Wenn du dich gehen lässt, dann zeigen sich deine Gefühle.

Beim Wandern kommst du in Bewegung.
Manchmal steigt eine Trauer in dir auf,
manchmal ein Zorn. Dann lass die Tränen
fließen, dann schrei den Zorn heraus. Und wenn du
einmal stolpern solltest, dann frage dich, was dich ins
Straucheln brachte. Was fühltest du in diesem Au-
genblick? Wo warst du in Gedanken? Was lenkte dich
so ab, dass du den Weg vor dir aus den Augen verlo-
ren hast? Geh mit diesen Fragen um, bewege sie in
deinem Herzen, dann werden die Antworten sich
zeigen. Deine Gefühle werden dir die Richtung wei-
sen, in die du gehen musst. Wenn du dich ihnen an-
vertraust, wirst du bald spüren, dass dein Herz an
Leichtigkeit gewinnt und dass dein Kopf sich klärt.
Du wirst den Weg vor dir dann klarer sehen. So wirst
du deiner Bestimmung näher kommen.

Vertraue auf den Rhythmus deines Körpers; er
weiß, was für dich stimmt. Auch er führt dich deiner Bestimmung zu. Wir haben das zu tun, was uns
das Leben aufträgt. Es geht darum, dich auf deinen
Weg zu fokussieren und ihn behutsam, Schritt für
Schritt, zu gehen. Wenn du deine Bestimmung
kennst, wirst du nicht in die Irre gehen. Du wirst
durch fremde Städte gehen und wissen, wo es lang-
geht. Du wirst in dunklen Stunden sicher deinen
Weg verfolgen, voller Vertrauen und mit lieben-
dem Herzen. Wirst du aufbrechen?

Wie du deine Herkunft achtest
– Wurzeln –

Weißt du, woher deine Lebenskraft stammt?
Weißt du, welche Wurzeln dich nähren? Du bist
das Gewächs einer langen Geschichte. Deinen
Vorfahren verdankst du dein Leben. Sie zu achten, gibt dir die Kraft für den Alltag.

Ich habe gehört, dass es in deinem Land immer
mehr Menschen gibt, die innerlich ausbrennen. Ich
habe gehört, dass Menschen in deinem Land nicht
mehr Schritt halten können mit der Geschwindig-
keit der Arbeit und des Lebens. Ich habe gehört,
dass sie darüber krank und unglücklich werden.
Und ich habe mich gefragt, woran das liegt, was
diesen vielen Menschen fehlt. Möchtest du meine
Antwort hören? Du solltest sie hören, denn sie geht
auch dich an: Ihr habt eure Wurzeln vergessen –
oder euch von ihnen getrennt. Meine Großmutter
Aanakasaa wurde nicht müde zu sagen: »Du musst
gut verwurzelt sein, um aufrecht und kraftvoll
durchs Leben zu gehen – so wie es deiner Bestimmung entspricht, jetzt und allezeit.«

Bist du gut verwurzelt? Weißt du um deine
Wurzeln? Ahnst du, wie tief sie reichen? Wie
wichtig es für dich ist, sie zu kennen?

Alle Wesen haben Wurzeln. Nicht nur die Pflanzen. Auch die Menschen und die Tiere. Ja, sogar die Steine und Felsen haben Wurzeln, die tief in den Schoß von Mutter Erde hinunterreichen. Die Wurzeln der Pflanzen kennst du. Auch sie reichen tief hinab. Und sie leisten dabei Erstaunliches: In meiner Heimat ist der Boden das ganze Jahr über gefroren. An manchen Stellen frisst sich der Frost bis zu fünfzehn Meter tief in die Erde. Und dennoch gibt es Pflanzen, deren Wurzeln sich durch diese steinharte Schicht hindurchbohren. Diese Pflanzen leben unter den härtesten Bedingungen. Frühling und Sommer dauern nur wenige Wochen. Schnee und Eis, Sturm und Regen bedrohen sie ständig. Und dennoch wachsen sie; und dennoch blühen sie. Ihre Blüten sind ihr Gebet, mit dem sie ihrem Schöpfer danken.

Die Kraft aus der Herkunft

Auch die Tiere haben Wurzeln. Doch reichen ihre Wurzeln nicht hinunter in die Erde, sondern hinab in ihre Herkunft. Millionen Jahre der Evolution hat es bedurft, damit sie das Licht der Welt erblicken konnten. Sie kennen ihre Aufgabe. Sie sind mit ihren Wurzeln in Kontakt. Nur der Mensch ist es nicht. Auch seine Wurzeln reichen tief in die Vergangenheit. Auch er bezieht die Kraft, die ihn am Leben hält, aus seiner Herkunft. Doch will er meistens davon gar nichts wissen. Also meint er beständdig, er müsse eine neue Welt erschaffen, die besser ist als das, was früher war. Ihm fehlt jedoch die Kraft dazu – weil er sich seiner Wurzeln nicht bewusst ist. Er ist nicht angebunden an den großen Strom des Lebens, ist nicht verwurzelt in dem großen Netz des Lebens. So brennt er aus und kriecht erschöpft durchs Leben.

Weißt du um deine Wurzeln? Weißt du, woher die Kraft des Lebens zu dir kam? Sie kommt von deinen Ahnen, deinen Eltern. Sie kommt aus der Familie und aus der Geschichte deines Volkes. Du willst davon nichts wissen? Du sagst, dein Volk hat Leid und Tod verursacht? Du kennst nicht mehr die Namen deiner Urgroßeltern? Dann klage nicht, dass dir die Kraft zum Leben fehlt. Du kannst nicht ohne deine Wurzeln leben. Du kannst nicht Auto fahren, ohne je zu tanken. Es tut dir nicht gut, deine Herkunft zu leugnen.

Grabe eine Pflanze aus

In meiner Heimat haben wir eine Zeremonie, die dich mit deinen Wurzeln verbindet. Es ist eine schöne Zeremonie, die wir feiern, bevor der Frost das Land vereist. Bei ihr erhalten die Menschen den Auftrag, eine Pflanze mitsamt ihrer Wurzel auszugraben und dabei ihrer Ahnen zu gedenken. Kannst du dir vorstellen, was das bedeutet? Der Boden ist hart und steinig – und manche Pflanzen haben über zwanzig Meter lange Wurzeln. Du kannst diese Aufgabe nicht huschhusch und nebenbei erledigen. Sie erfordert deine volle Konzentration. Sonst zerbrichst du die Wurzel. Manchmal braucht es Stunden, bis du fertig bist. Doch wenn du dann die Pflanze mit der Wurzel in der Hand hältst, bist du verändert. Dann ist etwas mit dir geschehen.

Denn dann wirst du begreifen, welch ein Wunderwerk dein Leben ist. So wie die Pflanze viele Meter Wurzeln braucht, um für wenige Tage eine einzige Blüte zu entfalten, so brauchte es Generationen und Generationen, um dich hervorzubringen. Wirst du dich deiner Ahnen nun würdig erweisen? Wirst du die Verantwortung für dein Leben übernehmen und kraftvoll und aufrecht auf der Erde wandeln – in Schönheit, so wie es deiner Bestimmung entspricht?

Geh hinaus in den Wald oder in deinen Garten. Auch wenn du nicht der Pflanzen kundig bist, die du dort findest: Suche dir eine Pflanze und grabe sie vollständig mit der Wurzel aus. Grabe mit Sorgfalt und Liebe. Und denke dabei an deine Wurzeln. Gedenke deiner Eltern und Großeltern, deiner Vorfahren und Ahnen. Gedenke ihrer mit Sorgfalt und Liebe. Du bist ihr Gewächs.

Vielleicht entdeckst du Wurzelstränge, die verfault sind. Nimm sie als einen Hinweis darauf, dass es auch Schlechtes oder Schwächendes in deiner Herkunft gibt – dass manche deiner Ahnen in die Irre gingen. Du kannst sie verurteilen, aber dann verurteilst du dich selbst. Doch warum solltest du das tun? Auch deine Vorfahren waren Menschen. Sie gaben ihr Bestes, sie haben geliebt, sie haben geirrt, sie haben versagt. Sie haben gelebt. Was geschehen ist, ist geschehen. Verschließe die Augen nicht vor ihrem Tun, aber starre auch nicht wie gebannt darauf. Nimm die Wurzeln und gedenke derer, deren Weg nicht gut war. Bedanke dich bei ihnen und schneide die verfaulten Stränge ab. Reiße nicht daran, sei achtsam. Bedanke dich und schneide.

Du bringst deine eigenen Wurzeln ans Licht, während du die Wurzeln der Pflanze ausgräbst. Lass dir Zeit dabei. Es ist eine Zeremonie. Wiege die Pflanze in der Hand und danke ihr für die Einsicht, die sie dir gab. Danke deinen Eltern und Ahnen für das Leben, das sie dir schenkten. Ehre ihr Andenken und empfange die Kraft, die sie durch deine Wurzeln in dich strömen lassen. Nun kannst du dich aufrichten. Du wirst nicht mehr ausgebrannt durchs Leben stolpern. Der Strom deiner Herkunft wird dich stärken und du wirst zu deiner Schönheit erblühen. Worauf wartest du?

Wie du die Alten würdigst
– Geschichten –

Hat man dir beigebracht, im Bus für einen alten
Menschen aufzustehen? Hast du dich je gefragt,
was alte Menschen brauchen? Sie brauchen dich,
damit du ihnen zuhörst. In ihnen schlummert ein
Schatz von Geschichten.

Ich war ein Kind wie andere Kinder auch: Manchmal rebellierte ich gegen das, was meine Eltern
mich gelehrt hatten. Eines Tages unterließ ich es
deshalb, einem Alten, den ich traf, den Gruß zu er-
bieten. So ist es nämlich bei uns üblich: Wann immer dir ein alter Mensch begegnet, hältst du als
Kind beim Spielen inne und schaust ihm grüßend
in die Augen. Wenn er darauf »Hoho« erwidert,
kannst du mit deinem Spiel fortfahren. In diesem
Fall aber schaute ich weg und tat, als habe ich den
Alten nicht gesehen.
Das aber sah meine Großmutter Aanakasaa. Sie
rief mich zu sich und schimpfte: »Tu das nie wieder!«, sagte sie. Erst später habe ich begriffen, wie recht sie damit hatte.
Erst später habe ich gelernt,
warum es sehr wichtig für uns
alle ist, den alten Menschen
Ehrerbietung zu erweisen. Es

ist nicht schwer, das zu verstehen. Ein alter Mensch hat dir so viel voraus. Er hat so viel erfahren und er kann so viel erzählen. Seine Erfahrung ist von großem Wert. Hast du das je bedacht? Oder bist du einer von den vielen, die noch nie die Geschichten ihrer Alten gehört haben – die ihre Alten vergessen oder abgeschoben haben: in Altersheime, wo sie zwar gut versorgt sind, aber keine Zuhörer finden; wo sie oft freudlos oder einsam sind?

Niemand muss einsam sein

In meiner Tradition ist das anders. Dort muss kein Alter einsam sein. Die Menschen meiner Heimat tragen dafür Sorge, dass unsere Alten nicht allein sind und dass sie Ohren finden, die ihren Geschichten lauschen. Wir wissen, dass sie vieles zu erzählen haben. Wir wissen auch, dass sie nichts lieber tun – und dass es ihnen gut geht, wenn du sie erzählen lässt.

Nun sage mir: Wie lange ist es her, dass du bei einem alten Menschen saßt und ihn erzählen hörtest?

Wie lange ist es her, dass du ihn darum batst, dir etwas aus dem großen Schatz seiner Erfahrungen zu schenken? Hast du überhaupt schon einmal die Geschichten eines alten Menschen vernommen? Und hast du dich dieses Geschenkes würdig erwie-

Verantwortung übernehmen

sen? Oder gehörst auch du zu jenen, die froh sind, wenn ihr alter Vater vor dem Fernseher sitzt und mit seichten Dummheiten berieselt wird? Die froh sind, wenn ihre Großmutter »versorgt« ist, weil sie sich dann nicht länger um sie kümmern müssen? Prüfe dich selbst: Gehörst du zu jenen, die die Alten aus ihrem Alltag verbannt haben – oft weil die Zeit dafür nicht reicht, sich um sie zu kümmern?

Gehörst du zu denen, deren Ohren verlernt haben, der Geschichte eines Menschen zu folgen; vergiftet von dem Lärm, der sie tagein tagaus betäubt?

Höre die Geschichten

Hast du dich je gefragt, wie es wohl dir erginge, wenn du als alter Mensch allein bist; wenn da kein Sohn ist, keine Tochter und kein Enkel, dem du die Schätze deines Lebens weitergeben kannst? Hast du dich je gefragt, wie es dir dann wohl gehen würde? Du hast es nicht? Dann tu es jetzt!

Vielleicht wirst du dann erkennen, wie wichtig es für deine Alten, aber auch für dich selbst ist, sie nicht aus deinem Alltag auszublenden. Vielleicht erkennst du dann, warum es richtig ist, den alten Menschen Respekt zu bezeugen – so wie die Kinder in Grönland es tun.

Lass die Alten in deinem Alltag vorkommen. Bitte sie darum, dir von ihrem Leben zu erzählen. Höre ihnen zu und schenke ihnen Zeit. Diese Zeit wird nicht vergeudet sein. Und wenn sie nach dir rufen, weil in ihnen eine Geschichte drängt, die ausgesprochen sein möchte, dann säume nicht, ihrem Ruf zu folgen. Nicht allein, um ihnen die gebührende Ehrfurcht zu erweisen, sondern auch um deinetwegen. Denn immer wirst du von der Weisheit und Erfahrung zehren, die sie dir übermitteln wollen.

Und du, du sollst einmal ein alter Mensch sein, dem deine Kinder gern zuhören. Altern allein ist kein Garant für Weisheit. Wirst du einmal zur Weisheit reifen? Wirst du die alten Menschen um dich her achten? Wirst du die Geschichten deiner Alten hören und selbst Geschichten zu erzählen haben?

Verantwortung übernehmen

Was du für die Erde tun kannst

– Weisheit –

Liegt dir Umweltschutz am Herzen? Fürchtest du den Klimawandel; fragst, was du dagegen tun kannst? Das Beste ist, die Erde zu achten. Denn ihre Schönheit schmilzt das Eis in deinem Herzen und lässt dich weise handeln.

Mein Volk kennt eine alte Prophezeiung: »Eines Tages«, so sagen die Alten, »wird das einst steinharte Große Eis so weich werden, dass du ihm einen Abdruck deiner Hand einprägen kannst. Das ist ein Zeichen dafür, dass Mutter Erde in großer Aufruhr ist.« Diese Zeit ist angebrochen. Es ist jetzt fünfzig Jahre her, dass zwei Jäger meines Volkes ins Dorf zurückkehrten und berichteten, ein Rinnsal tröpfle vom Großen Eis herab. Aus diesem Rinnsal ist ein Fluss geworden – und dieser Fluss trägt Tag um Tag Millionen Kubikmeter Wasser ins Meer. Das Große Eis schmilzt, der Meeresspiegel steigt, das Klima erwärmt sich: Die Erde ist in großer Aufruhr. Und was tust du? Was kannst du tun?

Die Alten meines Volkes sagen: Es ist zu spät. Du kannst nichts tun. Das Große Eis schmilzt unaufhaltsam. Es wird verschwinden. Es ist unwiderruflich. Und es wird Folgen haben. Große Veränderungen stehen der Menschheit bevor. Landstriche werden im Meer versinken, Flüchtlingsströme werden über die Erde irren, Kriege werden wüten. Die Alten und Weisen meines Volkes sagen: »Mutter Erde ist so stark, dass sie alles übersteht. Sterben jedoch werden Menschen, die sich nicht anzupassen vermögen.«

Das Gleichgewicht der Erde ist bedroht

Nun fragst du, was das bedeutet: sich anpassen. Ich sage dir zunächst, was nicht gemeint ist. Gemeint ist nicht, mit immer neuer Technik den Schäden zu begegnen, die ihr mit eurer Technik angerichtet habt. Ihr glaubt, ihr könntet Brennstoff aus der tiefsten Tiefe fördern. Ihr glaubt, ihr könnt die Menschheit füttern, indem ihr Saatgut patentiert. Ihr glaubt, ihr könntet neues Leben schaffen, indem ihr an den Genen rumhantiert. In Wahrheit macht ihr alles nur noch schlimmer.

Einst sprach ich vor den Vereinten Nationen vom Schmelzen des Großen Eises. Ich war ein junger Mann und ich sprach gut und kraftvoll. Die Menschen applaudierten. Stolz kehrte ich zurück in mein Dorf. Die Ältesten hörten meinen Bericht. Zuletzt fragte mein Vater: »Und mein Sohn, haben sie dich gehört?« Da begriff ich, dass ich mich hatte blenden lassen – dass die Menschen mir zwar Beifall spendeten, aber nicht berührt wurden. Niemand änderte seine Lebensgewohnheiten, niemand unternahm etwas. Ich war bedrückt und suchte meine Mutter Aanaa Aanaqqii auf. »Mutter«, sagte ich, »was kann ich tun? Die Menschen applaudieren mir, wenn ich vom Schmelzen des Großen Eises spreche, aber sie tun nichts.« Sie schaute mich an und lächelte ihr schönstes Lächeln. Dann stand sie auf, nahm meine Hände in ihre Hände, schloss ihre Augen und sprach: »Sohn, du weißt, dass du andere Wege beschreiten wirst. Du wirst ausziehen, um das Eis in den Herzen der Menschen zu schmelzen. Nur indem wir das Eis im Herzen des Menschen schmelzen, hat der Mensch die Chance, sich zu ändern und sein Wissen weise anzuwenden.« Dann schwieg sie.

Schmelze das Eis in deinem Herzen

Ich begriff: Durch Worte werde ich die Welt nicht ändern können. Und auch durch Taten werde ich nicht viel bewirken. Gut gemeinte Aktionen werden das Schmelzen des Eises nicht aufhalten. Nur ich selbst kann mich ändern. Es liegt allein an mir, das Eis in meinem Herzen zu schmelzen. Und es liegt an dir, das Eis in deinem Herzen zu schmelzen. Dort beginnt der Klimawandel. Wenn du etwas für die Erde und die Umwelt tun willst: Schmelze das Eis in deinem Herzen!
Du meinst, das sei zu einfach? Oh nein, täusche dich nicht! Nur das Eis auf dem Boden ist leicht zu schmelzen. Es genügt, deine Hand daraufzulegen.

Nach nur einer Minute wirst du den Umriss deiner Hand sehen können. Mit dem Eis des Herzens ist es nicht so einfach. Das Klima, in dem du lebst, ist eisig. Egoismus und Gier lassen Herzen gefrieren. Die Angst liegt wie Frost auf allen Seelen. Verstehst du, warum meine Mutter Aanaa Aanaqqii sagte: »Am härtesten ist es, das Eis in den Herzen der Menschen zu schmelzen. Und nun ist die Zeit gekommen, genau das zu tun«? Verstehst du, warum ich durch die Welt reise und allen Menschen ihre Botschaft bringe: Schmelzt das Eis in euren Herzen?

Du fragst mich, was du tun kannst? Beginne mit einem Lächeln! Das Lächeln schmilzt das Eis in deinem Herzen. Das Lächeln weckt den Geist der Liebe. Dann wende dich der Erde zu. Das ist das Beste, was du tun kannst. Verbinde dich mit Mutter Erde. Du kannst es täglich tun, immer wenn du deine Füße auf sie setzt: bei deinem Weg zur Arbeit, bei einem Spaziergang im Park. Verbinde dich mit ihr und sprich zu ihr. Mach eine Zeremonie daraus. Lege dich auf ihr nieder und bekunde ihr deinen Respekt und deine Ehrfurcht. Betrachte ihre Schönheit und bedanke dich bei ihr. Du heilst die Erde und dich selbst, wenn du mit ihr verbunden bist. Und du wirst lächeln.

So wird das Eis in deinem Herzen schmelzen. Und wenn es erst geschmolzen ist, wirst du das Eis im Herzen anderer schmelzen – und langsam, langsam kommt die Welt in Fluss. Dann wirst du achtsamer auf Erden wandeln. Dann wirst du es nicht länger dulden, dass Gier und Machtsucht alles Leben töten. Vielleicht wirst du ein Bote jener Zukunft sein, in der die Menschen lernen, ihr Wissen weise anzuwenden.

Ein Hüter allen Lebens – deine Rolle.
Wirst du sie übernehmen?

Noch eine Prophezeiung kennt mein Volk. »Einst wird der Tag gekommen sein, an dem der große Seeadler aufs Neue seine Schwingen hebt und von den Bergen des Eises herabsegelt. Dann wird ein frischer Duft die Luft erfüllen – ein Duft, worin Weisheit und Wissen sich inniglich verbunden haben.« Ich sehne mich nach diesem Duft. Ich sehne mich nach einer neuen Zeit. Wirst du ihr Bote sein und ihr den Weg bereiten? Wirst du das Lächeln deines Herzens üben? Wirst du

in deinen täglichen Geschäften das Eis im Herzen deiner Nächsten schmelzen? Verliere keine Zeit. Die Erde hat ihr Gleichgewicht verloren.

GEMEINSCHAFT
LEBEN

Weißt du, dass du nie allein bist? Du bist ein wunderschöner Mensch, einmalig, unverwechselbar und frei, dein Leben so zu führen, wie du möchtest. Zugleich gehörst du anderen Menschen an. Du lebst mit anderen zusammen, bildest Gemeinschaften und Staaten. Du gehörst der Menschheit an. Hast du dir das je klargemacht?

Du wirst nur dann deiner Bestimmung folgen und kraftvoll, aufrecht, schön auf Mutter Erde schreiten, wenn du dir deiner Zugehörigkeit bewusst bist: wenn du mit anderen verbunden bist und die Verbindung dir verbindlich ist. Zu einem Fest wird dein Alltag nur in der Gemeinschaft mit anderen. Es geht darum, das Gleichgewicht zu finden, damit ihr einander stärkt und fördert. Es geht darum, gemeinsam zu handeln und Entscheidungen zu treffen. Es geht darum, dass du auf die Bedürfnisse des Kreises schaust, dem du zugehörst.

Wie ihr Gemeinschaft erlebt
– Kreis –

*Weißt du, wie es ist, von anderen hinter-
gangen zu werden? Fühlst du dich manchmal
einsam? Und sehnst dich nach Gemeinschaft?
Wenn du mit anderen etwas anfangen willst,
dann bildet einen Kreis.*

Wenn ich durch die Straßen deiner Stadt gehe,
dann sehe ich die Einsamkeit der Menschen. Du
fragst, woran ich das erkenne? Nun, ich sehe, dass
die Menschen sich nicht grüßen – ja, dass sie sich
nicht einmal wahrnehmen. Tausende gibt es in deiner Stadt, die keine Familie haben, die ganz allein
wohnen. Zwar sind sie andauernd beschäftigt und
treffen ihre »Freunde«, doch dabei sind sie meist
mit niemandem verbunden – nicht mit sich und
nicht mit anderen.

Sie sitzen vor ihren Computern und können mit
Menschen am anderen Ende der Welt chatten.
Aber sie kennen nicht die Augenfarbe ihrer Nachbarn. Am schlimmsten steht es um die Alten. Sie leben abgetrennt von ihren Enkeln. Sie haben niemanden, dem sie erzählen könnten. Sie leiden
unter ihrer Einsamkeit. Mir scheint, die Einsamkeit
in deiner Stadt ist eine große Krankheit. Hat sie
auch dich bereits befallen?

Gemeinschaft leben

Sei ehrlich! Fühlst du dich als Teil einer Gemeinschaft oder als Einzelkämpfer unter Einzelkämpfern?

Arbeitest du in einem Büro? Arbeitest du mit anderen zusammen? Habt ihr Besprechungen oder Sitzungen? Wie geht es dir damit? Ich habe Menschen aus deiner Stadt getroffen, die sagten mir, dass sie Sitzungen hassen – dass es ihnen schwerfällt, mit anderen zusammenzuarbeiten. Sie sprachen von Machtkämpfen und Mobbing, von Streiterei und Eifersucht; und dass sie sich zurückgezogen haben, weil sie das Vertrauen in ihre Kolleginnen und Kollegen verloren haben; und dass sie sich nun einsam fühlen, abgespalten, losgelöst; und dass sie darunter leiden und am liebsten gar nichts mehr mit anderen Leuten zu tun haben wollen. So wächst die Einsamkeit. Ist das nicht traurig?

In meiner Heimat war das anders. Dort lebten alle miteinander. Die Jungen und die Alten, die Kinder und die Greise. Sie teilten sich ein Dach. Darunter war es eng, dafür war es ein Dach der Liebe. Die Menschen wussten sich als Teil ihrer Familie. Außerdem gehörten sie einer Dorfgemeinschaft oder einem Stamm an. Wenn sich die Gemeinschaft traf, dann traf man sich im Kreis.

Der Kreis ist eine Zeremonie in sich selbst. Sie hilft dir, dich mit anderen zu verbinden. Sie hilft dir, Zugehörigkeit zu erfahren.

Schaut einander in die Augen

Wenn du gut mit anderen zusammenarbeiten willst, ist es unbedingt notwendig, dass ihr Kreise bildet. Du solltest es bei deiner Arbeit ausprobieren oder in deinem Verein, in jedem Zusammensein mit anderen. Wo immer Menschen etwas gemeinsam tun, sollten sie Kreise bilden.

Nur im Kreis entsteht Gemeinschaft. Bist du bereit für die Lehre vom Kreis?

Im Kreis seht ihr einander an. Ihr schaut einander in die Augen. Keiner ist vorne, keiner hinten. Im Kreis gibt es keinen Chef, im Kreis gibt es nur dich und dich und dich und dich … Im Kreis seht ihr einander an. Du siehst nicht die Rücken der anderen. Deshalb kannst du auch niemandem in den Rücken fallen. Und niemand kann dir in den Rücken fallen. Niemand kann dich hinterrücks niedermachen, niemand kann hinter deinem Rücken schlecht von dir reden. Auch du kannst hinter niemandes Rücken über andere herziehen. Nein, ihr blickt einander in die Augen.

Ihr seht die Schönheit eines jeden. Und da ihr eure Schönheit seht, spürt ihr die unsichtbaren Fäden,

mit denen ihr verwo-
ben seid. Im Kreis ist
niemand je allein. Im
Kreis bleibt niemand
hinter dem anderen zu-
rück. Im Kreis wirst du
geachtet und respektiert.

Im Kreis braucht es niemanden, der dir »Wert-
schätzung« oder »Achtsamkeit« beibringt. Im
Kreis kommt beides von allein. Denn der Kreis
hebt deinen Geist. Der Kreis ist eine Zeremonie in
sich selbst. Wo du sie feierst, wird Gemeinschaft
Wirklichkeit.

Jeder ist mit allen verbunden

Die Alten meines Volkes lehren: Die ganze Welt ist
ein Kreis. Sie hat keinen Anfang und kein Ende.
Die ganze Menschheit ist ein Kreis. Ein jeder ist
mit allen anderen verbunden.

*Wenn du das begriffen hast, wirst du dich
niemals einsam fühlen.*

Und du wirst niemandem mehr in den Rücken fallen, wirst nicht mehr hinter seinem Rücken handeln, wirst ihn nicht mehr rücklings übervorteilen.
Dann wird Gemeinschaft möglich sein – und du
wirst aufrecht, kraftvoll und in Schönheit mit anderen auf der Erde wandeln.

Wie wäre es, wenn du es gleich erprobst?
Wie wäre es, wenn du bei deiner Arbeit
von heute an darauf drängst, dass ihr beim
Teamgespräch in Zukunft einen Kreis bildet? Wie
wäre es, wenn unsere Kinder künftig nur im Kreis
unterrichtet werden? Wie wäre es, wenn aus den
Meetingrooms der Unternehmer die Tische
verschwinden und die Manager einander im
Kreis begegneten?

Wie wäre es, wenn du nicht länger darauf sinnst,
hinter dem Rücken deiner Kollegen deinen Vorteil zu
suchen – und du ihnen stattdessen gerade in die
Augen schaust? Wie wäre es, wenn du nicht länger
Gegner suchst, denen du in den Rücken fallen kannst
– und stattdessen geraden Blickes auf andere zugehst.
Wie wäre es, wenn du dein Misstrauen aufgibst und
den anderen als Teil des gleichen Kreises siehst?

Du meinst, das alles sei unmöglich? Ich sage dir: Seit
Tausenden von Jahren haben die Menschen meines
Volkes so gelebt. Sie haben niemals einen Krieg
geführt. Sie wussten sich als Teile eines Ganzen.
Warum solltest du nicht auch in der Lage dazu sein?
Wirst du den Mut haben, Kreise zu bilden?

Wie eure
Partnerschaft gelingt
– Flügel –

Weißt du, warum der Schöpfer Mann und Frau geschaffen hat? Damit ihr euch aneinander erfreut.
Damit ihr gemeinsam das Leben feiert. Und weißt
du, was ihr dafür braucht? Ein gutes, starkes
Gleichgewicht.

Mein Urgroßonkel war ein starker Mann. Als seine
dritte Frau starb, war er schon sechsundneunzig
Jahre alt. Trotzdem nahm er seinen Stock, ging
durch das Dorf und fragte, ob es eine Frau gebe, die
ihn heiraten möchte. Er liebte die Frauen. Er hatte
erfahren, welches Glück darin liegt, mit einer Frau
zusammenzuleben. Er wusste, dass der Schöpfer
zwei Geschlechter geschaffen hat, damit wir uns
aneinander erfreuen können.
Weißt du es auch? Oder meinst du, dein Mann oder
deine Frau sei nur deshalb erschaffen, damit du
dich an ihm oder ihr erfreust? Kennst du die
Schönheit der Ehe, die darin liegt, sich wechselsei-
tig aneinander zu erfreuen? Bist du dir der Verantwortung bewusst, die du für deine Partnerin oder
deinen Partner trägst: die Verantwortung dafür,
dass sie oder er sich an dir erfreuen kann? Mir blutet das Herz, wenn ich sehe, wie viele Ehen überall

auf der Welt geschieden werden. Es schmerzt mich zu sehen, wie viele Kinder ohne beide Elternteile aufwachsen müssen. Ich frage mich, warum das so ist. Ich frage mich, warum so viele Partnerschaften scheitern und so viele Menschen allein alt werden müssen. Willst du meine Antwort hören? Auch dann, wenn sie wehtut?

Liebe umfasst dein ganzes Leben

Mir scheint, zu viele Menschen wissen nicht, was Liebe ist. Sie machen einen Handel aus der Liebe und sie sagen: Ich liebe dich nur dann, wenn du mich auch liebst.

Wüssten sie, was Liebe ist, sie würden einander ehren, sie hätten Respekt voreinander. Sie würden einander nicht benutzen.

Doch anstatt die Liebe zu kennen, verwechseln sie die Liebe mit Sex. Liebe ist auch Sex. Ja, es ist schön, wenn eure Körper sich in Liebe aneinander erfreuen. Aber Liebe ist noch viel mehr. Sie umfasst dein ganzes Leben. Wenn sie dich ergreift und du dich von ihr ergreifen lässt, durchdringt sie dich ganz. Dann wirst du deine Frau nicht um deiner Lust willen begehren, sondern sie in ihrer Lust ehren. Dann wirst du deinen Mann nicht um deiner Bedürfnisse willen an dich binden, sondern ihn mit seinen Bedürfnissen ehren.

Wenn die Liebe dich durchdringt, werdet ihr einander fühlen – und ihr werdet aneinander wachsen und stark sein. Dann werdet ihr gemeinsam fliegen.

Komm, höre die Lehre des Vogels: Der Vogel hat zwei Flügel, sonst könnte er nicht fliegen. Auch das Leben hat zwei Flügel, sonst gäbe es kein Leben. Des Lebens Flügel heißen Frau und Mann. Die Frau ist nah am Herzen, der Mann ist weit vom Herzen entfernt. Doch braucht es beide, um zu fliegen. Doch braucht es beide, um zu leben. Denn wo sich Mann und Frau nicht finden, entsteht kein neues Leben. Finden sie jedoch zusammen, verbinden sie sich in der Ehe und zeugen ihre Nachkommen. Das Leben bleibt am Leben. Der Flug des Lebens dauert an, hebt sich zu einer neuen Höhe, erreicht eine neue Dimension. Gäbe es nur einen Flügel – das Leben auf Erden würde enden. Verstehst du, warum die Ehe eine Zeremonie ist? Und warum Partner einander achten und ehren sollen? Weil ihnen das Wunder des Lebens anvertraut ist, das Wunder von Zeugung und Schwangerschaft. Weil sie die Flügel des Lebens sind.

Achte auf das Gleichgewicht

Der Flug des Lebens wird nur dann gelingen, wenn ihr gemeinsam eure Flügel spannt: den Flügel Frau, den Flügel Mann – wenn ihr als Paar den Flug beginnt. Allein kann niemand von euch abheben. Nur gemeinsam könnt ihr das. Bist du bereit dazu, den Flug des Lebens anzutreten? Wenn ja, dann ehre deine Frau, dann ehre deinen Mann.

Wenn der Flug gelingen soll, dann müsst ihr darauf achten, das Gleichgewicht zu halten. Das kannst du von dem Vogel lernen: Nur wenn er ganz im Gleichgewicht ist, wird er sich vom Erdboden erheben. Im Gleichgewicht sein ist viel mehr als Gleichberechtigung. Es kommt nicht darauf an, die gleichen Rechte für sich in Anspruch zu nehmen – jedenfalls nicht für den Flug des Lebens. Es kommt darauf an, dass ihr einander das gleiche Gewicht gebt: die gleiche Achtung, den gleichen Respekt, die gleiche Liebe. Ohne dieses Gleichgewicht solltet ihr nicht den Versuch wagen abzuheben oder gar zu landen. Denn ohne dieses Gleichgewicht werdet ihr aus allen Wolken fallen und unsanft landen. Zu viele Menschen traf ich schon, die vom Sturz zertrümmert auf dem Boden lagen.

In meiner Heimat feiern wir ein wunderschönes Fest. Man nennt es Hochzeit – kennst du es? Es gibt dazu eine schöne Geschichte: Einst fand eine Hochzeit statt. Dem Brauch entsprechend wurden Braut und Bräutigam auf ein Kajak gesetzt, Rücken an

Rücken. Man band sie mit einem Seil zusammen. Sie konnten einander nicht sehen, aber sie fühlten ihre Nähe. Zuletzt fragte der Bräutigam: »Meine Liebe, bist du bereit?« Und die Braut erwiderte: »Ja, ich bin bereit.« Da tat er einen Stoß und legte ab. Zehn Tage währte ihre Reise. Jeden Tag wiederholten sie die Zeremonie: »Meine Liebe, bist du bereit?« »Ja, ich bin bereit.« Ohne ihre Antwort hätte er das Ruder nie ergriffen. Die Reise brauchte beider Bereitschaft. Der Flug des Lebens braucht beider Bereitschaft. Fragt ihr einander noch, ob ihr bereit seid? Und weißt du, was es heißt, bereit zu sein?

Wenn du an deiner Seite einen Mann hast, wenn du mit einer Frau zusammen bist: Frage dich jeden Tag aufs Neue, ob du für ihn, für sie bereit bist. Frage dich, ob du bereit bist, mit ihm, mit ihr den Flug des Lebens fortzusetzen – den Flug durch den Alltag, durch Morgenröte und Abenddämmerung. Und wenn du Ja sagst, wenn er Ja sagt, wenn sie Ja sagt, respektiert und achtet einander, erfreut euch aneinander. Denn so hat euer Schöpfer es gewollt. Sonst hätte er dem Leben nicht zwei Flügel zugewiesen. Wirst du bereit sein, diesen Weg zu gehen? Wirst du bereit sein, dein persönliches Begehren und deine Wünsche weniger zu achten als deinen Partner, der dir beigesellt ist, damit ihr frei und schön das Leben durchfliegt?

Warum es gut ist, verbunden zu sein
– Harpune –

Hast du dich schon einmal gefragt, warum es deinen Urgroßeltern wichtig war, als Paar ein Leben lang zusammenzubleiben? Weil das der beste Weg ist, um dich selbst zu finden; weil die Verbindung deine Seele reifen lässt.

Weißt du, wie man sich auf dünnem Eis verhalten muss? Auf dünnem Eis kann man nicht nebeneinandergehen, das wäre zu gefährlich. Auf dünnem Eis kann man nur hintereinandergehen, am besten Rücken an Rücken. Sollte das Eis brechen, hättest du die Möglichkeit, dich und deinen Partner zu retten. Im Leben gibt es immer Zeiten, in denen ihr auf dünnem Eis wandelt. In solchen Zeiten müsst ihr Rücken an Rücken gehen – und nicht nebeneinander. Es ist wichtig, sich das klarzumachen.

Zu viele sind in ihrer Partnerschaft eingebrochen. Sie meinten, immer nebeneinandergehen zu können, und haben nicht darauf geachtet, ob sie sich auf dickem oder dünnem Eis bewegen.

Sie hatten eine Idee davon, wie ihre Partnerschaft aussehen müsse. Darüber haben sie versäumt, darauf zu achten, in welcher Situation sie sich befinden, welche Lebensphase sie durchschreiten. Sie haben sich nicht gefragt, ob es eine Zeit des Rücken an Rücken, eine Zeit des Hintereinander oder eine Zeit des Nebeneinander ist.

Das Leben zu zweit ist kein Sonntagsspaziergang. Immer gibt es Zeiten der Belastung, in denen ihr euch auf dünnem Eis bewegt.

Die Zeit der Kinder ist so eine Zeit. Da seid ihr beide nicht mehr nur allein – da fehlt euch oft die Zeit, euch aneinander zu erfreuen. Da könnt ihr nicht mehr so wie sonst nebeneinandergehen. Da müsst ihr einander stützen und manchmal euren Blick in andere Richtungen lenken: aufs Kind, auf den Beruf, wohin auch immer. Doch heißt das nicht, dass ihr getrennte Wege gehen sollt. Ihr sollt gemeinsam gehen, Rücken an Rücken.

Manchmal kreuzen andere Menschen deinen Weg. Sie lenken deine Aufmerksamkeit auf sich; sie lenken die Aufmerksamkeit deines Partners auf sich. Wirst du ihn dann verlassen, weil er in eine andere Richtung schaut? Wohl wahr, das Eis ist dünn in solchen Zeiten. Doch trägt es, wenn ihr beieinanderbleibt und Rücken an Rücken euren gemeinsamen Weg fortsetzt.

Darin liegt die große Schönheit einer Ehe oder Partnerschaft: Ihr seid einander zugesellt, um Freude aneinander zu haben und um euch auf dem

Lebensweg zu begleiten – »in guten wie in schlechten Zeiten«, wie es in eurer Hochzeitszeremonie gesprochen wird. Darin besteht eure Verantwortung: in guten und in schlechten Zeiten zusammenzugehen. Selbst dann, wenn euer Weg durch Leid und Krisen führt.

In die Hölle und zurück

Meine Eltern waren siebenundvierzig Jahre lang verheiratet. Bis mein Vater starb. Als er die Welt verlassen hatte, sagte meine Mutter: »Dein Vater hat mich zur Hölle gebracht – und wieder zurück.« Und dann lächelte sie und sagte: »Und ich möchte keinen Augenblick davon missen.« Als ich diese Worte hörte, krampfte sich mein Herz zusammen. Heute jedoch verstehe ich, wovon sie sprach: Wir Menschen sind so. Nicht weil wir böse wären oder schlecht. Sondern weil wir Menschen sind, die nie ein Leben lang auf geraden Wegen wandeln. Die eben deshalb manchmal denen, die sie lieben, tiefen Schmerz bereiten. Doch müsst ihr euch deswegen trennen? Nur weil der Weg zusammen steinig ist? Ist es deswegen besser, ganz allein durch die Zeit zu gehen? Oder mit immer neuen Partnern? Die Alten meines Volkes lehren, dass Mann und Frau wie die beiden Flügel eines Vogels sind: Nur da, wo sie im Gleichgewicht einander lieben, werden sie schön, kraftvoll und aufrecht auf der Erde wandeln. Nur da werden sie blühen und gedeihen.

Der Sinn der Ehe und der Partnerschaft liegt darin, dass ihr von Jahr zu Jahr immer enger zusammenwachst: dass jeder von euch beiden seine Seele reifen lässt und seiner eigenen Bestimmung folgt, doch immer so, dass ihr dies miteinander tut. Kein anderer Mensch wird dich auf deinem Weg so gut begleiten können wie dein Mann oder deine Frau. An keinem anderen Menschen kannst du so gut wachsen wie an der Seite deines Partners oder deiner Partnerin. Niemand wird dir so verlässlich dabei helfen, aufrecht und kraftvoll durch die Zeit zu gehen – auch wenn der Weg dabei zuweilen durch die Hölle führt, auf dünnes Eis und hart entlang am Abgrund.

Bist du bereit, mit deinem Partner, deiner Partnerin auf dünnem Eis zu gehen – auch wenn es in die Hölle führt? Bist du bereit, an ihr, an ihm zu wachsen – auch wenn es schmerzt und manchmal schwierig ist? Du kannst es täglich üben.

In Freundschaft verbunden

Nicht nur die Partnerschaft verbindet Menschen innig. Auch eine Freundschaft kann dich eng an einen anderen binden. Für diese Form der Verbundenheit zweier Menschen gibt es in meiner Heimat eine Medicine. Sie heißt Tuukkaq und sie ist äußerst stark. Tuukkaq ist der Kopf einer Harpune. Wenn du mit der Harpune bei der Jagd eine Robbe triffst, verhakt sich der Tuukkaq in dem Fleisch – unmöglich, ihn wieder herauszuziehen. Er ist nicht mehr vom Fleisch zu trennen. Hast du den Tuukkaq geschleudert, bist du mit ihm verbunden. Es wird sterben und du wirst es essen. Für alle Zeit bleibst du mit ihm verbunden.

Wenn dir jemand einen Tuukkaq schenkt, will er damit ausdrücken, dass er eine Freundschaft fürs Leben mit dir eingehen möchte – durch dick und dünn. Wenn du ihn annimmst, bindet ihr euch auf diese Weise für ein Leben. Du kannst den Tuukkaq einem Mann oder einer Frau anbieten, du kannst es einmal oder mehrmals tun – aber immer verbindet er euch auf bedingungslose Weise.

Bist du bereit, dich tief mit einem anderen Menschen zu verbinden? Dann feiere mit ihm diese Zeremonie. Du musst keinen Tuukkaq verschenken, doch schenke etwas, was dem ähnlich ist und die gleiche Bedeutung hat. Nutzt dieses Geschenk als Medicine, die euch auf eurem Weg durchs Leben kräftigt. Wirst du bereit sein, dieses Wagnis einzugehen? Bist du bereit, dich so zu binden, komme, was wolle? Ich wünsche dir, dass du es tust – um kraftvoll auf Mutter Erdes Rücken zu schreiten.

Wie ihr einander heilt
– Berührung –

Hast du je erlebt, wie heilsam es ist, berührt zu werden? Tut es dir wohl, wenn jemand dir ein Lächeln schenkt? Du kannst im Alltag viel Leiden lindern, wenn du den Mut hast, andere zu berühren.

Meine Mutter Aanaa Aanaqqii war eine Heilerin. Als sie starb, erreichten uns etwa einhundertfünfzig Briefe aus aller Welt, adressiert an eine Frau aus einem kleinen Dorf von drei Häusern und zwanzig Einwohnern. Sie hatte viele Menschen geheilt. Sie hatte viele Leben verändert. Ich kannte einige der Menschen, die diese Briefe schrieben. Ich war dabei gewesen, als sie meine Mutter aufsuchten. Möchtest du wissen, wie sie heilte? Es wird dich überraschen, denn sie tat nicht viel. Sie räucherte nicht, sie beging keine Zeremonie – nein, sie berührte das Gesicht derer, die zu ihr kamen. Sie berührte ihr Herz und gab ihnen einen kleinen Kuss. Mehr tat sie nicht. Aber das genügte, um zu heilen. Denn die einfache Berührung bewirkt in der Tiefe der Menschen eine echte Verwandlung.

Meine Mutter war eine kleine Frau. Eines Tages kam ein großer Mann zu ihr. Mindestens zwei Meter war er groß. Meine Mutter sah neben ihm wie eine Zwergin aus. Sie zupfte ihn am Mantel, damit er sich zu ihr herunterbeugte. Doch er war immer noch zu groß. Also stellte sie sich auf ihre Zehenspitzen. Nun konnte sie sein Gesicht berühren. Dann blies sie in ihre Hände und legte sie auf seine Brust – dorthin, wo das Herz in seinem Inneren klopfte. In dieser Haltung blieb sie lange. Dann blies sie neuerlich in ihre Hände, schaute zu ihm auf, sagte in der Eskimosprache: »Ich liebe dich« und ließ ihn los. Der Riese richtete sich auf, Tränen liefen über sein Gesicht. Er verstand die Worte meiner Mutter nicht, doch er hatte verstanden. Er war ein Schriftsteller und später schrieb er, dass es einer der wichtigsten Augenblicke seines Lebens war, als Mutter sein Herz berührte und ihm sagte: »Ich liebe dich.« Es hatte seinen Geist gehoben.

Das Gleichgewicht herstellen

Weißt du, was es heißt zu heilen? Heilen heißt, dich in dein Gleichgewicht zu bringen. Mal ist dein Körper aus dem Gleichgewicht, mal fehlt es deinem Geist. Und manchmal fehlt dir die Balance zwischen beiden. Beim Heilen geht es immer nur darum, dem anderen dabei zu helfen, sein Gleichgewicht zurückzufinden: das Gleichgewicht des Körpers, das Gleichgewicht der Emotionen, das Gleichgewicht des ganzen Menschen.

Die Wege, die zur Heilung führen, sind verschieden. Und auch die Wege, wie du dich und deinen Leib gesund erhältst, sind verschieden. Zuweilen ist es gut, sich der westlichen Medizin anzuvertrauen, zuweilen ist es gut, einen Naturheilkundler aufzusuchen. Zuweilen ist es gut, wenn du dich energetisch heilen lässt. Die vielen Wege können sich ergänzen. Nutze von allem das Beste!

Das Wichtigste dabei – das sollst du wissen –, das Wichtigste ist es, dass dir der Geist gehoben wird: sodass er sich über das Bestehende erheben kann, sodass er sich über die Krankheit erhebt. Sehr heilsam ist deshalb die Kraft der Zeremonien. Denn sie sind es, die deinen Geist erheben.

Wenn dein Geist gehoben ist,
gesundet auch dein Leib.

Das weiß auch die Wissenschaft. Sie lehrt, dass oft ein unscheinbares Lächeln die Abwehrkräfte deines Körpers stärkt; und dein Immunsystem an Kraft gewinnt, wenn eine Hand dich liebevoll berührt. Wenn du dich schneidest oder hinfällst, dann lächle und sei gut zu dir. Dann tue das, was deinen Geist erhebt. Die Wunde wird schneller heilen, der Schmerz wird sich schon bald verlieren. Alles, was deinen Geist erhebt, wird deiner Heilung dienen. Denn wenn dein Geist gehoben ist, stellt er die Balance in dir wieder her. Dann wirst du leicht, Schwere und Bedrückung weichen.

Schau um dich her: Die Welt ist schwer. Und weil sie schwer ist, ist sie krank. Und weißt du, was die

Krankheit deiner Welt ist? Dass es so viele Menschen gibt, die die Berührung fürchten – die sich verschanzen hinter ihrer Angst. Es ist kaum möglich, diese Menschen zu erreichen. Wer unberührbar ist, verschließt sich seiner Heilung.

Mit liebevollen Händen

Wenn Menschen zu mir kommen, weil sie Heilung suchen, werde ich sie liebevoll berühren. Manchmal tue ich – ganz wie meine Mutter – gar nichts anderes. Und dann spüre ich, wie etwas in ihnen in Bewegung kommt. Ich spüre, dass sie nie zuvor berührt worden sind und die Schönheit des Berührtwerdens zum ersten Mal erfahren. Vielleicht hatten sie sich sogar dagegen gesträubt.

Nun aber schmilzt das Eis in ihrem Herzen. Nur weil ich sie berühre und weil in der Berührung Liebe schwingt.

Berühre deine Freundin, wenn sie leidet. Berühre deinen Freund, wenn ihn ein Schmerz plagt. Berühre deinen Mann, wenn er bedrückt ist. Berühre deine Frau, wenn sie bekümmert ist. Berühre sie mit liebevollen Händen. Und schenke ihnen dein schönstes Lächeln. Du wirst ihren Geist erheben und ihre Heilung vorbereiten.

Die Liebe ist die beste Medicine. Sie bringt
den Leib und auch den Geist in Harmonie.

Unter uns, wie wäre es, wenn du auch sonst den
Mut aufbrächtest, andere zu berühren? Was hält
dich eigentlich davon ab, deinem Freund die Hand
zu halten, wenn er zu dir spricht; oder deiner
Freundin über den Kopf zu streichen, während sie
dir von sich erzählt? Wir machen so viele Worte. Es
wird so viel verhandelt und gestritten.

Manchmal denke ich:
Wäre es nicht besser,
wenn wir uns einfach nur berührten?

Wäre es nicht besser, wenn wir uns nur an den
Händen hielten? Einfach nur im Mondlicht stün-
den oder den Sonnenaufgang anschauten? Wirst
du es versuchen? Wirst du deine Scheu überwin-
den und deine Hand auf den Arm deines Freundes
legen, wenn er Beistand
braucht? Wirst
du die Wange
deiner Freundin
streicheln, wenn
sie Kummer hat?
Wirst du im All-
tag heilend tätig
sein?

Wie ihr euch beraten könnt
– Schwitzhütte –

Auch du musst Entscheidungen treffen. Nicht nur für dich, sondern auch für andere und mit anderen. Weißt du, was es dabei zu beachten gilt? Es ist wichtig, sich auf gute Weise zu beraten, um kraftvoll zu entscheiden.

In deinem Land gibt es Menschen, die nennt ihr »Politiker«. Ihre Aufgabe ist es, das Land gut zu führen. Dafür müssen sie Entscheidungen treffen. Aber sind ihre Entscheidungen auch immer gut? Ich bin mir da nicht sicher. Auch du musst Entscheidungen treffen – für dich und für andere: bei der Arbeit, in der Familie, im Geschäft. Manchmal triffst du deine Entscheidungen allein, oft aber gemeinsam mit anderen. Die gemeinsamen Entscheidungen sind oft die wichtigsten. Aber sind sie auch immer gut? Bist du dir da nicht ganz sicher?

Wer weiß schon, ob es richtig ist, was du entscheidest? Es gibt keine Gewähr.

Doch eines kannst du tun: Du kannst einen Rahmen dafür schaffen, dass gute Entscheidungen getroffen werden. Vielleicht werden sie sich als falsch erweisen, und dennoch sind sie gut. Warum? Weil sie auf gute Weise zustande gekommen sind und du dich vorher gut mit anderen beraten hast. Weißt du, was ein guter Rahmen für Entscheidungen ist? Soll ich dir davon erzählen, wie meine Vorfahren sich beraten haben?

Die Frauen haben das Sagen

Jahrtausendelang lebten wir in kleinen Gemeinschaften. Wenn eine Entscheidung anstand, die das ganze Dorf betraf, dann bildeten die Großmütter einen Rat. Du musst wissen, dass bei uns die Frauen das Sagen hatten. Einfach deshalb, weil sie immer im Dorf blieben, während die Männer lange Zeiten weit entfernt auf der Jagd waren. Deshalb entschieden die Großmütter, wenn es um Belange der Gemeinschaft ging. Sie hatten die meiste Erfahrung, sie wussten, was los ist. Manchmal gingen sie in die Schwitzhütte, um dort einen Rat zu halten. Lass mich dir von den Schwitzhütten erzählen. Sie sind für uns Grönländer wichtig: In der Schwitzhütte ist es stockfinster, doch in ihrer Mitte ist eine Grube ausgehoben. Um sie herum setzen sich die Menschen auf den Boden. Dann werden glühende Steine in die Grube gelegt, die in einem Feuer vor dem Eingang zur Schwitzhütte erhitzt wurden. Wir nennen sie »Großväter«. Derjenige, der die Zeremonie leitet, begießt die Steine mit Wasser. Die Luft füllt sich mit heißem Dampf. Es ist warm und es ist dunkel. Niemand sieht den anderen. Nun kannst du frei reden. Du kannst dein Herz aus-schütten, du kannst deine Tränen fließen lassen. Niemand sieht es, wenn Schamesröte in dein Gesicht steigt. Nackt trittst du vor deinen Schöpfer, offen redest du mit ihm und die anderen hören zu.

Die Schwitzhütte ist ein heiliger Ort –
die Gebärmutter von Mutter Erde.

Sie dient der Reinigung des Körpers und des Geistes, der Zwiesprache mit dem Großen Einen. Wenn du sie nach Stunden verlässt, fühlst du dich wie neugeboren. Du bist gewandelt, gereinigt, befreit. Du weißt, was du zu tun hast. Du hast dein Gleichgewicht gefunden. Nun gehst du wieder aufrecht und stark, wie es deiner Bestimmung entspricht, jetzt und allezeit.

Wenn die Großmütter in die Schwitzhütte gingen, hielten sie eine Zeremonie. Das ist das Entscheidende. Natürlich wirst du mit deinen Kollegen nicht in die Schwitzhütte gehen, wenn ihr eine Entscheidung treffen müsst. Ihr werdet nicht nackt und nicht im Dunkeln reden. Und doch kannst du von der Schwitzhütten-Zeremonie lernen.

Es wird nicht argumentiert

Sieben glühende Steine wurden zu Beginn in die Schwitzhütte gebracht. Als »die Großväter« tragen sie in sich die Energien der Ahnen. Wenn sie mit

In der Schwitzhütte sitzt ihr im Kreis. Ein jeder spricht vor den anderen aus, was er fühlt und was er denkt. Keiner widerspricht dem anderen, keiner argumentiert. Ihr hört einander zu und achtet die Worte der anderen. Die Zeit spielt dabei keine Rolle. Ihr geht erst dann auseinander, wenn alle gesprochen haben und jeder seinem Herzen Luft zu machen vermochte. Ihr redet mit offenem Herzen, nicht aus dem Kopf. Und ihr redet im Bewusstsein eurer Verantwortung.

Wasser übergossen werden, erwacht diese Energie zum Leben. Der erste Stein heißt »der Geschmolzene«. Er bringt den Geist der großen Mutter Erde, die alles trägt und alles duldet. Ihr bist du verantwortlich. Gedenke der Erde bei dem, was du tun willst. Der zweite Stein kommt aus dem Osten. Er lenkt deinen Geist auf die Jungen und Künftigen – auf alle, die noch kommen werden, so wie die Sonne von Osten kommt. Für sie trägst du Verantwortung. Der dritte Stein kommt aus dem Süden. Er verweist deinen Geist auf die Heranwachsenden, die in ihrer Kraft stehen und denen du den Weg ins Leben bahnen sollst. Für sie trägst du Verantwortung. Der vierte Stein kommt aus dem Westen. Er lenkt deinen Geist auf deine Zeitgenossen. Er bringt dich in die Gegenwart und sagt dir, dass du auch für sie in der Verantwortung stehst. Der fünfte Stein, der aus dem Norden, erinnert dich an alle Alten, für die du Sorge trägst, dass sie in Frieden gehen können. Der sechste Stein gemahnt dich an den Körper, auf dass du auch seiner Verletzlichkeit und Schönheit eingedenk bist. Und schließlich folgt der Stein für deinen Geist. Er ruft dich dazu auf, bewusst und wach zu handeln.

Ahnst du die Schönheit dieser Zeremonie? Und ahnst du ihre Weisheit? Sie öffnet und sie hebt den Geist – und eben das ist notwendig, wenn du auf eine gute Weise Entscheidungen treffen willst.

Wenn ihr euch beratet, dann nehmt euch Zeit, all derer zu gedenken, für die ihr Verantwortung tragt. Dann erst redet, was das Herz zu sagen eingibt. Dann wird sich die Entscheidung, die ihr braucht, von selbst zeigen. Dann kannst du aufrecht und kraftvoll für sie einstehen. Oder sie denen übergeben, die sie ausführen sollen.

In meiner Heimat sind das die Männer. Sie empfangen den Ratschluss der Großmütter und gehen dann selbst in die Schwitzhütte, um zu beraten, wie sie ihn ausführen. Wirst du von dieser Weisheit lernen? Wirst du im Bewusstsein deiner Verantwortung Entscheidungen treffen?

Wie ihr Frieden schafft
– Friedenspfeife –

In deiner Welt gibt es viel Unfrieden. Die Menschen streiten und führen Kriege. Und auch in dir schwelen viele Konflikte. Leidest du manchmal darunter? Sehnst du dich nach Frieden? Dann lass dich berühren und reinige deinen Geist.

Weißt du, dass ich aus einem Land komme, in dem es niemals Kriege gab? Ist das nicht wunderbar? Man fragt sich, wie das möglich ist. Es ist ja nicht so, dass die Menschen meines Volkes besser als die anderen wären. Es ist ja nicht so, dass nicht auch die Menschen meines Volkes Streitigkeiten kennen. Oh nein, wir streiten auch, wir sind nicht immer einer Meinung. Wir führen aber deshalb keine Kriege. Es gibt eine Zeremonie, die es erlaubt, Konflikte zu befrieden. Du hast gewiss von ihr gehört, denn deine Kinderbücher reden gern davon. Sie reden von der Friedenspfeife – der »Pujortaat«, wie wir selbst sie nennen.

Hast du die Friedenspfeife je gesehen? Sie ist wunderschön. Es ist ein Fest, sie aus dem Futteral zu nehmen und ihre beiden Teile zu verbinden.

Das musst du wissen: Eine Friedenspfeife besteht aus zwei Stücken – einem männlichen und einem weiblichen. Der männliche Teil ist ein langes Rohr, durch das du den Rauch einziehst; der weibliche Teil bildet den Kopf der Pfeife, worin der Tabak glimmt. In diesen Kopf der Pfeife ist ein Loch gebohrt, in das du vor dem Rauchen sorgsam das Rohr einführst. Verstehst du die Bedeutung? Die Zeremonie der Friedenspfeife beginnt mit der geschlechtlichen Vereinigung. Männliches und Weibliches verbinden sich, auf dass ein gutes, neues Leben gezeugt wird: ein Leben im Frieden, lebendiger Frieden.

Frieden beginnt zwischen Mann und Frau

Begreifst du, was die Pfeife dir zu sagen hat? Und was du von ihr lernen kannst, wenn du Konflikte beilegen und Frieden schaffen willst? Der Frieden beginnt im Kleinen. Er beginnt bei dir daheim. Er beginnt zwischen den Geschlechtern: zwischen dir und deinem Mann, zwischen dir und deiner Frau.

Ja, der Frieden beginnt in dir selbst: zwischen dem Mann in dir und der Frau in dir. Zwischen dem Weiblichen und dem Männlichen in dir.

Solange das Männliche und das Weibliche nicht verbunden sind, ist Frieden unmöglich. In dir fängt aller Frieden an, er setzt sich fort in der Familie, in der Gemeinde, in deiner Stadt, in deinem Land und immer so weiter.

Wenn du Frieden schaffen willst, musst du in dir und deiner Umwelt das Weibliche genauso wie das Männliche ehren – und das Männliche genauso wie das Weibliche.

Nur so wirst du mit dir im Gleichgewicht sein. Nur wenn du mit dir im Gleichgewicht bist, wirst du es auch mit anderen sein können. Das ist es, was die Friedenspfeife dir zu sagen hat.

Doch ist das längst nicht alles. Es ist ja erst die Vorbereitung. Wenn ich diese Zeremonie halte, stehen wir im Kreis. Wir stehen so, dass wir einander in die Augen schauen. Wir stehen so, dass niemand vor dem anderen sich fürchten muss. Im Kreis kann niemand dir in den Rücken fallen. Im Kreis kann niemand hinterrücks dir schaden.

Nur wer im Kreis ist, kann mit offenem Herzen reden. Und nur wer mit offenem Herzen spricht, wird jemals Frieden schaffen können.

Seht einander an

Das ist die zweite Lehre, die dir die Friedenspfeife gibt: Seht einander in die Augen und zeigt einander das Gesicht. Und dann: Lasst euch berühren.

Wenn wir im Kreis versammelt sind, dann gehe ich umher und berühre einen jeden der Versammelten mit der Pfeife an der rechten Schulter. Dort, weit entfernt vom Herzen, toben die Kämpfe deines Lebens. Dort musst du dich zuerst berühren lassen, wenn du den Frieden in dich lassen willst. Dann führe ich sie über den Kopf meines Gegenübers hinweg und berühre ihn mitten im Herzen. Dort beginnt der Frieden. Dies ist die dritte Lehre, die du von der Pfeife lernen kannst.

Es gibt verschiedene Wege, die Zeremonie der Friedenspfeife zu feiern. Du musst die Pfeife dabei nicht anzünden. Wenn du das jedoch tust, dann nimm den Rauch in den Mund. Wenn sich der Rauch dann auflöst mit deinem Atem, wirst du nur noch Gutes zu anderen sagen können.

Der Rauch ist heilig. Er reinigt dich und hilft dir, deine Schönheit zu erkennen und die der anderen. Er hebt alle Übel von dir weg. Und er hilft dir in der Friedenspfeife, nur Gutes zu sagen. All das ist so wichtig, wenn wir Frieden finden wollen.

Wenn du mit anderen im Frieden leben willst, dann musst du sie in ihrer Schönheit sehen. Doch eben das fällt dir so furchtbar schwer. So oft bist du gefangen in den Bildern, die du dir von den anderen Menschen gemacht hast. So selten bist du willens, die anderen so zu sehen, wie sie wirklich sind – sie als deine Geschwister wahrzunehmen, die sich wie du nach Frieden sehnen. Du nimmst sie gar nicht wirklich wahr, sondern siehst nur ein Zerrbild, nach dem du sie beurteilst. Das ist es, was dich vom Frieden fernhält.

Wenn du mit anderen in Frieden leben willst, dann erkenne deine eigene Schönheit und die Schönheit der anderen. Sage nur Gutes. Öffne dein Herz, begegne anderen von Herz zu Herz. So könnt ihr einander berühren. Im Herzen fängt der Frieden an, wenn du mit dir versöhnt bist. Er fängt nicht irgendwo auf der Welt an, sondern bei dir, und er breitet sich aus in deine Familie, deine Gemeinde, dein Land und immer weiter.

Wenn du mit dir im Einklang bist, wirst du zum Friedensboten für die Welt. Der Frieden ist wie eine Welle, die sich unaufhaltsam verbreitet. Sei du der Friedensstein, der in das unruhige Wasser dieser Zeit fällt und fortan seine stillen Kreise zieht. Wirst du den Mut haben, ein Friedensbringer zu sein?

ERWACHSEN
WERDEN

Hast du dich je gefragt, wozu du auf der Erde
bist? Um erwachsen zu werden: um dich des Geschenks des Lebens würdig zu erweisen und die
Saat, die in dir angelegt ist, aufgehen zu lassen;
um innerlich zu wachsen und dich in Größe und
Schönheit zu entwickeln.

Erwachsen wirst du im Alltag: in deiner Rolle als
Mann, in deiner Rolle als Frau, in der Familie. Erwachsen wirst du nur, wenn du dich den Herausforderungen des Lebens stellst und es in seinen
dunklen und bedrohlichen Seiten annimmst.
Erwachsen wirst du nur, wenn du dich um
die Erziehung der Kinder kümmerst – deiner
Kinder und der Kinder deines Landes. Wirst du
den Alltag als Chance begreifen, zu wachsen
und zu reifen: als Einladung, erwachsen zu
werden? Wirst du dich des Geschenks des
Lebens würdig erweisen?

Wie du zum Mann, wie du zur Frau wirst
– Flügelpaar –

Weißt du, was es bedeutet, Mann zu sein? Weißt du, was es bedeutet, Frau zu sein? Weißt du, wie schön es ist, wenn Mann und Frau sich in ihrem Anderssein schätzen und ihre Qualitäten zu einem kraftvollen Ganzen verbinden?

Wenn meine Großmutter Aanakasaa zu uns sprach, breitete sie manchmal die Arme aus, als seien sie Flügel. Wir verstanden sofort, was sie sagen wollte: Es kommt darauf an, die Balance zu halten. Es kommt darauf an, ein gutes Gleichgewicht zu finden. Besonders dann breitete sie ihre Arme aus, wenn es um das Verhältnis von Männern und Frauen ging: Haltet das Gleichgewicht, sagte sie dann, wahrt die Balance.

Mann und Frau sind wie die Flügel eines Vogels. Nur wenn beide stark und kraftvoll sind, kann der Vogel fliegen.

Nur wenn sie im Gleichgewicht sind, kann er segeln. Ganz so ist es mit den Menschen: Nur wenn Mann und Frau einander respektieren und einander achten, nur wenn sie die Balance halten, nur

Erwachsen werden

dann werden sie fliegen
können und durchs Le-
ben segeln. Um dieses
Gleichgewicht zu fin-
den, ist es wichtig, dass

Männer wirklich Männer sind und Frauen wirk-
lich Frauen sind.

Das sollte selbstverständlich sein, doch wenn ich
um mich blicke, sehe ich viele Frauen, die sich wie
Männer verhalten – und ich sehe viele Männer, die
so tun, als seien sie Frauen. Mir scheint, es herrscht
eine große Verwirrung. Am Ende gibt es kaum
noch Männer. Am Ende gibt es kaum noch Frauen.
Am Ende gibt es etwas Sonderbares, das irgendwo
dazwischenliegt.

Männer und Frauen sind verschieden. Das
zu beachten, ist sehr wichtig.

Die Unterschiedlichkeit von Mann und Frau ist das
Geheimnis beider Schönheit. Ihr Männer solltet
Männer sein, ihr Frauen solltet Frauen sein. Wenn
ihr euch dann verbindet, werdet ihr schön und
kraftvoll sein. Ihr braucht einander, um zu blühen.

Die Unterschiede ehren

So lass mich von den Unterschieden reden. Ich sagte, Mann und Frau sind wie die Flügel eines schö-
nen Vogels. Der weibliche Flügel ist nah am Her-

zen, der männliche ist fern vom Herzen. Die Frau hat dich zur Welt gebracht. Die Frau hat dich erzogen. Sie hat für dich gesorgt, sie weiß, was gut ist für den Stamm, sie hat den weiten Blick fürs Ganze. Deshalb lassen die Menschen meines Volkes die Frauen entscheiden, wenn es um die Belange des Dorfes geht.

Wo Weitblick gefragt ist, solltest du die Frau entscheiden lassen.

Frauen sind äußerst stark. Sie ziehen ihre Kraft aus der Verletzlichkeit. Am stärksten sind sie in der Mondzeit, dann sind sie ganz und gar empfänglich. Dann sind sie voller Schöpferkraft, um neues Leben zu gebären. Die Menschen meiner Heimat achten diese Zeit besonders. Die Mondzeit gilt als eine heilige Zeit. So ehren wir das Potenzial der Frauen. Ehrst du es auch?

Als Frau bist du ganz Frau, wenn du deine Verletzlichkeit achtest. Als Mann ehrst du die Frau, wenn du ihre Verletzlichkeit achtest. Als Frau bist du ganz Frau, wenn du dich empfänglich hältst für das, was durch dich leben will. Dann wirst du stark sein zu entscheiden. Dann kannst du die Geschicke der Familie lenken, des Unternehmens oder auch des Landes.

Die Kraft des Mannes ist eine andere als die Kraft der Frau. Es geht dabei nicht um die Kraft der Muskeln. Es geht dabei um die Gefühle. Die Kraft des Mannes liegt in den Gefühlen, in seiner Intuition und seiner Spontanität. Zusammen mit der Körperkraft sind sie der Quell des Handelns. Weil er zu handeln weiß, kann er die Familie versorgen. Entschlossenheit und Zielstrebigkeit verleihen seinem Handeln Schönheit.

Als Mann bist du ganz Mann, wenn du deinen Gefühlen traust. Als Frau ehrst du den Mann, wenn du seine Gefühle achtest. Als Mann bist du ganz Mann, wenn du entschlossen handelst und für deine Taten geradestehst. Dann wirst du für das Wohlergehen anderer Menschen Wunder wirken, dann wirst du kraftvoll auf der Erde wandeln.

Und wenn ihr euch dann findet – er findet sie als Frau und sie findet ihn als Mann –, dann werdet ihr gemeinsam euer Leben feiern. Und euer beider Schönheit wird die Menschen glücklich machen. Wirst du es wagen, endlich Frau zu sein? Wirst du es wagen, endlich Mann zu sein? Werdet ihr gemeinsam gehen?

Wie du wirklich guten Sex hast

– Spiel –

Weißt du, dass Sex viel mehr ist als körperliche Lust? Dass Sex eine Zeremonie ist, bei der ihr euch aneinander freuen sollt? Am schönsten ist es, reifen Sex zu haben, bei dem die Liebe deinen Geist erhebt.

Mein Vater liebte meine Mutter. Seinen Söhnen erzählte er nicht ohne Stolz, dass er in seinen besten Tagen mit meiner Mutter sieben Mal am Tag geschlafen habe. Dann protestierte meine Mutter und erklärte, dass es in Wahrheit nur fünf Mal pro Tag geschehen sei. Beeindruckt war ich trotzdem. So waren meine Eltern.

Und irgendwie sind wir wohl alle so: Wir haben Lust am Sex, Sex macht uns glücklich. Auch wenn die Leidenschaft meist mit den Jahren nachlässt. Und das ist ganz natürlich.

Wenn wir älter werden, wird der Sex nicht schlechter – im Gegenteil, er wird dann tiefer.

Das Spiel der Körper wird im Alter reifer, leichter und verspielter. Und das vor allem zwischen Part-

nern, die sich schon lange kennen und sich gegenseitig nichts beweisen müssen. Hast du schon einmal wirklich reifen Sex genossen? Es ist der Sex,
wie ihn erwachsene Menschen feiern – er ist eine
Zeremonie, wohltuend und heilsam.

Reifer Sex hebt deinen Geist und lässt den
Leib erblühen. Er ist erfülltes, volles Leben:
ein Fest deiner Lebendigkeit.

Er ist ein Spiel, bei dem es einzig darum geht, sich
aneinander zu erfreuen. Beim reifen Sex benutzt
du niemals deine Partnerin. Beim reifen Sex ge-
brauchst du deinen Partner nicht. Wo ihr einander
nutzt und braucht, ist Missbrauch nicht mehr fern.
Da gibt es keine Freude und kein Spiel. Da wird der
Sex zu einem Kampf um Macht. Es tut mir weh,
dass das so oft geschieht.
Weißt du, wovon ich rede? Sehnst du dich nach rei-
fem, schönem Sex? Dann werde dir bewusst, was
Sex in Wahrheit ist. In ihm entfesselst du die größte Energie des Lebens: die Energie, die neues Leben
schafft. In dir vibriert sie und in dir pulsiert sie.
Doch weißt du auch, wie du dich ihrer würdig

zeigst? Hast du die Reife, deine Sexualität als eine Zeremonie zu feiern? Möchtest du diese Reife erlangen?

Die innere Schönheit sehen

Dann darfst du beim Sex nicht nur auf die körperliche Schönheit schauen. Dann musst du mit liebevollem Blick durch die äußere Erscheinung hindurchschauen, um die innere Schönheit deiner Liebsten oder deines Liebsten zu erkennen. Dann wirst du jene wunderbare, oft versteckte Schönheit finden, die deinen Geist erhebt – und nicht allein den Körper reizt. Dann wirst du dich an der Freude erfreuen, die du beim Sex deiner Geliebten schenkst; die du deinem Geliebten gibst.

Wirklich guter Sex ist ein Gespräch der Körper und der Geister. Wenn du beim Sex allein die Körper sprechen lässt, dann wird er flach und fad. Dann

Achte voll Sorgfalt auf die Stimmung deines Partners, deiner Partnerin. Spüre und fühle, was sein Herz will, was ihr Herz begehrt. Berühre den anderen mit liebevollen Händen. Und nimm nicht mehr von ihm, als er dir gibt.

Sprecht sorgsam mit der Sprache eurer Leiber und fragt dabei nach ihrer Lust und nach seiner Freude, anstatt einander für die eigene Lust zu nutzen.

 kannst du ihn bei einer Hure kaufen. Doch wenn du auf den Geist deiner Geliebten achtest, wenn du den Geist in deinem Liebsten ehrst, dann wird das Spiel der Leiber zur Zeremonie.

Mich schmerzt zu sehen, dass in unserer Welt Pornografie allgegenwärtig ist. Ich frage mich, was das mit unseren jungen Menschen macht. Wie sollen sie jemals erfahren, dass Sex etwas Heiliges ist? Wie sollen sie je die innere Schönheit sehen lernen, wenn ihnen fortwährend billige Schönheitsideale verkauft werden?

Wie sollen junge Menschen erfahren, dass Sex eine Zeremonie sein kann, bei der ihr den Geist des anderen im Blick habt?

Ich sehe oft die ausdruckslosen Augen der jungen Mädchen und der Männer, die nur den flachen, faden Pornosex erfahren haben. Da blutet mir das Herz. Wir sollten besser darauf achten, dass unsere jungen Menschen erst dann Sex miteinander haben, wenn sie emotional reif dafür sind. Und ich hoffe, dass du diese Reife in dir entfaltest, auf dass du die Heiligkeit der Sexualität erfährst und sie wie eine Zeremonie zu feiern lernst.

WIE DU DIE KINDER ERZIEHST
– RESPEKT –

*Verzweifelst du manchmal an den Kindern?
Machst du dir Sorgen um ihre Zukunft? Dann sorge dafür, dass ihr Geist sich hebt. Bewahre sie
vor Ungeist. Lehre sie Respekt und Liebe. Und
lass sie so lange wie möglich Kinder sein.*

Dein Kind ist dir geschenkt. Du trägst für dein
Kind die Verantwortung. Du sollst ihm einen
Raum geben, in dem es wachsen und gedeihen
kann. Ein solcher Raum ist die Familie. Einen besseren Raum für Kinder gibt es nicht. Sie brauchen
einen Vater und eine Mutter, um ihr inneres
Gleichgewicht zu finden. Das ist das Allerwichtigste im Leben eines Kindes.

*Wenn ein Elternteil fehlt, ist es gut, wenn ein
anderes Familienmitglied einspringen kann.*

In meiner Heimat lebten wir in großen Clans. Da
kam es so gut wie nie vor, dass ein Kind ohne Eltern
blieb. Denn wenn die Mutter oder der Vater starb,
gab es meist Onkel und Tanten, die einsprangen. In
deiner Welt wachsen viele Kinder nur bei ihrer
Mutter auf – und manche nur bei ihrem Vater. Das
ist nicht gut, es wäre besser, wenn ihr für eure Kin-

der eine Zweitfamilie schafft. Das können Freunde sein, die mit euch leben. Sie werden dann zu geistigen Eltern der Kinder. Gemeinsam mit ihnen könnt ihr einen Raum schaffen, in dem ein Kind sein Gleichgewicht entwickelt. Und wie ich sagte: Im Leben eines Kindes gibt es nichts Wichtigeres.

> *Achte auf das Gleichgewicht. Achte darauf, dass Geist und Körper deines Kindes in Balance sind. Achte darauf, dass dein Kind die notwendige Nahrung für seinen Leib erhält, ebenso aber auch die notwendige Nahrung für seinen Geist.*

Balance ist das Wichtigste

Um deinem Kind die gesunde Balance zu geben, brauchst du keine pädagogischen Theorien und keine Bücher voller Ratschläge. Die vielen Bücher, die in deinem Land über Erziehung gelesen werden, scheinen mir eher hinderlich zu sein. Vor lauter Theorie habt ihr das Einfache und Wesentliche aus dem Blick verloren: darauf zu achten, dass die Kinder glücklich sind; und glücklich sind sie dann, wenn sie mit sich und euch im Reinen sind – im Gleichgewicht und in Balance.

Kinder lächeln, wenn sie in Balance sind. Und lächeln werden sie, wenn du sie spielen lässt. Natürlich werden sie nicht immer lächeln. Sie werden weinen, zornig sein und toben. Das alles ist normal und ganz natürlich. Entscheidend ist, dass es dabei nicht bleibt: dass sie ihr Gleichgewicht bald wiederfinden. Und das geschieht zumeist beim Spiel.

Behandle deine Kinder nicht, als wären sie erwachsen. Lass sie so lange, wie es geht, einfach nur Kinder sein.

Wenn wir bei uns in Grönland eine Feier haben und die Familie sich am Tisch versammelt, dann sind die Kinder nicht dabei. Sie toben irgendwo herum und keiner wird sie zwingen, sich wie Erwachsene aufzuführen. Von Zeit zu Zeit kommt eines von ihnen angeschlichen, um den Gesprächen der Erwachsenen zu lauschen. Sie haben Respekt vor den Großen. Und das ist gut so.

Du aber schuldest deinen Kindern ebenfalls Respekt. Das ist das Allerwichtigste: dass du ihnen mit Liebe und Respekt begegnest. Immer, jederzeit, im Alltag. Liebe und Respekt bedeuten nicht, dass du ihnen jeden Wunsch erfüllst. Im Gegenteil: Liebe und Respekt bedeuten, ihnen Grenzen zu zeigen und sie zu führen. Nur wenn du einem Kind aufrichtig begegnest und ihm zeigst, wer es ist und was es kann, wird es sich frei entwickeln und entfalten können. Vor allem werden sich auch in seinem Herzen Liebe und Respekt ausbreiten. Dann wird es die Liebe und den Respekt, mit denen du ihm begegnest, zu würdigen wissen.

Achte darauf, dass du den Geist deines Kindes hebst. Dafür ist die Erziehung da, jeden Tag: Hebe den Geist deines Kindes und aller Kinder. Hilf ihnen, sich zu begeistern. Entdecke, wofür sie sich begeistern können, und lehre sie die Disziplin, dieser Begeisterung zu folgen. Dann werden die Kinder vom Geist erfüllt werden, und wenn der Geist in ihnen zu Hause ist, werden sie dem Leben voller Vertrauen begegnen. Denn dann sind sie im Gleichgewicht.

Hast du den Geist deines Kindes gehoben, kannst du darauf vertrauen, dass es seinen Weg durchs Leben gehen wird. Wenn es mit sich im Gleichgewicht ist und den Menschen mit Respekt und Liebe begegnet, wird es den richtigen Weg einschlagen. Dann steh ihm bei und hilf ihm, diesen Weg zu gehen. Und wenn es in die Irre geht, musst du es warnen. Denn es besteht kein Grund, dein Kind die Fehler wiederholen zu lassen, die du selbst machtest. Lass ihm dabei die Zeit, die es braucht. Und schütze es vor Übergriffen, so gut du nur kannst. Du weißt, dass sie überall lauern. Du weißt, dass im Internet und im Fernsehen Dinge geschehen, die den Geist deines Kindes zerbrechen. Du weißt, dass es Jungen und Mädchen gibt, die viel zu früh Sex miteinander haben. Schütze die Kinder davor. Nicht nur deine eigenen.

Schütze die Kinder deiner Gesellschaft davor, dass ihr Geist durch Konsum vergiftet wird – dass ihre Körper missbraucht werden, bevor noch der Geist in ihnen zur Reife gekommen ist.

Erziehung ist keine Privatsache

Denn wisse eines: Erziehung ist keine Privatsache. Erziehung ist Aufgabe der Gesellschaft. Wenn ich mich in deinem Land umschaue, erschaudere ich vor dem Unheil, das ihr durch euren Glauben geschaffen habt, es sei allein Sache der Eltern, ihre Kinder zu erziehen. Das ist ein großer Irrtum. Die Kinder deiner Nachbarn sind auch deine Kinder. Du trägst für sie Verantwortung, so wie du für die

eigenen Kinder Verantwortung trägst. Und deine Nachbarn und Freunde tragen Verantwortung auch für deine Kinder. Es steht ihnen zu, deine Kinder zurechtzuweisen, wenn sie sich danebenbenehmen. Und ebenso steht es dir zu, die Kinder deiner Nachbarn zu ermahnen, wenn sie sich ungehörig aufführen. Glaube mir: Ein Kind hat zwei Eltern, aber es ist eine Gesellschaft nötig, um sie aufzuziehen. Wenn wir das vergessen, werden wir unsere Kinder verlieren. Und sage mir: Haben wir nicht schon viel zu viele Kinder verloren?

Deine Kinder sind nicht nur dir geschenkt. Sie sind ein Geschenk an die Welt.

Alle, die einem Kind begegnen, stehen deshalb in der Verantwortung, ihn auf seinem Weg ins Leben beizustehen. Dazu braucht es nicht viel: Alles, was es braucht, sind ein klarer Geist und ein klares Herz. Die Kinder werden auf dich hören. Sie werden dich respektieren und lieben, wenn du ihnen in Klarheit und Liebe begegnest.

Du sagst: »Die Zeiten sind vorbei, die Kinder sind nicht mehr so wie früher. Was du sagst, ist unmöglich!« Ich sage dir: Es ist möglich, einfach indem du es tust. Wirst du den Mut haben, dich des Geschenks der Kinder würdig zu erweisen? Wirst du sie Respekt und Liebe lehren? Wirst du ihren Geist heben und sie vor der Geistlosigkeit schützen?

Was es heisst, Grossmutter, Grossvater zu sein

– Würde –

Achtest du die Würde der alten Menschen? Legst du Wert darauf, selbst ein würdiger Alter zu sein? Dem Alter eignet große Schönheit. Sie wird in dir erstrahlen, wenn du von dir absiehst und auf die Gemeinschaft schaust.

In meiner Heimat ehren wir die alten Menschen. Wir wissen, dass sie viel erfahren haben. Wir wissen, dass wir viel von ihnen lernen können. Wir wissen, dass sie in die Weite blicken. Wir ehren alle alten Menschen. Vor allem aber achten wir die Ältesten. Mein Vater Aataa Aataqqii sagte oft: »Wir alle werden alt, aber zum Ältesten wird längst nicht jeder.« Er wollte damit sagen: Zum Ältesten wirst du nur dann, wenn du bewusst lebst, wenn du dein Leben als Zeremonie lebst und wenn die Menschen deine Schönheit sehen.

In deiner Welt ist alles anders. Ihr achtet eure alten Menschen nicht mehr. Ihr sperrt sie fort in Altersheime und Seniorenresidenzen. Ihr fragt sie nicht um Rat und hört nicht auf die Geschichten, die sie erzählen. Ihr glaubt, sie haben nichts zu sagen, weil sie nicht auf dem neuesten Stand sind. Aber glaubst du wirklich, dass eure Alten dir nichts mehr zu sagen hätten – nur weil die Zeiten sich geändert haben und die Welt, in der sie Kinder waren, schon lange nicht mehr existiert?

Ich sage dir: Die meisten Alten wissen mehr vom Leben, als du denkst. Du fragst sie aber nicht, und deshalb schweigen sie.

In deinem Land gibt es jedoch auch viele Alte, die selbst nicht mehr wissen, was es heißt, ein alter Mensch zu sein – die keine Ahnung von der Schönheit haben, die dem Alter eigen ist. Wie weit sind sie davon entfernt, die Würde eines Ältesten zu haben! Stattdessen laufen sie ihrer verlorenen Jugend nach – und opfern dafür ihre Würde. Sie meinen, Großeltern zu sein, nur weil ihre Kinder Kinder haben. Aber so ist es nicht. Großvater oder Großmutter bist du nicht deshalb, weil du Enkelkinder hast. Großvater oder Großmutter bist du, wenn du einen weiten Blick hast: wenn du nicht mehr nur deine eigenen Belange oder die Belange deiner Familie im Blick hast, sondern wenn du dich um das Wohlergehen deines ganzes Stammes sorgst.

Garantinnen der Nachhaltigkeit

Die Großmütter haben in unserer Tradition das Sagen. Gemeinsam treffen sie die Entscheidungen für das ganze Dorf. Sie beratschlagen und die Männer führen ihre Entscheidungen aus. Sie sind die exekutive Macht. Die legislative Macht liegt bei den Großmüttern. Dieses Prinzip ist äußerst alltagstauglich. Die Großmütter haben die größte Erfahrung. Sie haben die Kinder zur Welt gebracht und aufgezogen. Sie kennen alle im Dorf. Sie müssen sich niemandem mehr beweisen. Ihr Blick ist weit geworden. Sie nehmen sich selbst nicht zu wichtig. Ihre Aufmerksamkeit gilt den Kindern.

Natürlich lässt sich das nicht auf dein Land übertragen. Wir lebten in kleinen Gemeinschaften, du in einem großen Land. Dennoch denke ich, dass du von uns viel lernen kannst. Wenn du es tust, wirst du in Würde altern. Du musst nicht länger einem hohlen Ideal von Jugend nacheifern, wenn sich dein Haar grau färbt. Du wirst nicht einsam sein, wenn deine Zeit zur Neige geht.

Ein waches Auge für die Gemeinschaft

Die Würde eines Großvaters und einer Großmutter liegt darin, nicht bei allem mitzumachen, was die Jungen unternehmen. Ihre Würde liegt darin, nicht nur die eigenen Bedürfnisse im Blick zu haben, sondern sich bei allem, was geschieht, zu fragen, ob es der Gemeinschaft dient. Sie liegt darin, die jungen Leute davor zu schützen, bei jeder noch so dummen Mode mitzumachen. Es ist die Aufgabe und die Verantwortung der Alten, dass sie ein waches Auge darauf werfen, was der Gemeinschaft schädlich ist und was ihr guttut.

Wirst du, wenn du ins Alter kommst, aus dieser Haltung leben? Wirst du deiner Rolle als Großvater oder Großmutter gerecht werden und dich um das Wohl der jungen Menschen deines Landes kümmern? Wirst du deinen Blick über die engen Grenzen deines Hauses wandern lassen und dafür Sorge tragen, dass die Gesellschaft nicht zerbricht? Wirst du über den Geist und die Seele eines jungen Menschen wachen, auch wenn es nicht dein Enkel ist? Oder wirst du tun, was ich so oft mit Kummer sehe: nur für dich leben und für dein Vergnügen sorgen – für einen angenehmen Lebensabend? Dein Leben wird dann flach sein. Deinem Alter wird die Würde fehlen.

Ich wünsche dir, dass du als würdiger Großvater, als würdige Großmutter alt wirst. Ich wünsche dir, dass die Jungen dich ehren und dass dein Wort in ihrem Ohr Gewicht hat, weil es im Dienste der Gemeinschaft steht. Wirst du ein Ältester deines Volkes sein? Wirst du schon heute so leben, dass dir diese Würde mit Recht zuteilwird?

Wie du deine dunklen Seiten achtest
– Mond –

Kennst du die tiefe Verzweiflung, wenn Dunkelheit deinen Alltag trübt? Weißt du, wie es ist, wenn deine Schatten dich bedrängen? In einer solchen finsteren Zeit wird dich der Mond trösten und dir Hoffnung schenken.

Du und ich, wir sind nicht vollkommen. Wir sind Menschen und das heißt, dass Licht und Schatten in uns wohnen. Wir werden niemals heilig sein. Wohl aber können wir uns annehmen, so wie wir sind – mit allem Makel, allen Schwächen, allen Schatten. Damit ist nicht gesagt, dass wir uns nicht verändern sollten. Es ist mir aufgetragen, den Weg meiner Bestimmung zu verfolgen.

Es ist dir aufgetragen zu erkennen, wer du bist. Doch das bedeutet auch, dich dem zu stellen, wovor du allzu gern deine Augen verschließt.

Ich sage dir: Der Tag wird kommen, an dem das nicht mehr möglich ist. Hast du es schon erfahren? Musstest du deinem Schatten schon einmal gegenübertreten? Hast du schon einmal mit deinem

Schatten gerungen? Bist du schon einmal in den Abgrund der Finsternis gestürzt, wo du weder ein noch aus wusstest? Kennst du den Augenblick der tiefsten Verzweiflung, in der du an dir selbst verzweifelst, an deinem Schatten, deiner Angst? Was wirst du tun, wenn diese Nacht hereinbricht? An wen wirst du dich wenden, wenn die Verzweiflung dich zu Boden wirft? Wer wird dir dann Trost spenden? Wer wird dich aufrichten, sodass du weiter durch dein Leben wandern kannst?

Eine Quelle der Hoffnung

Lass mich dir vom Mond erzählen. So wie es meine Großmutter Aanakasaa oft tat. Hundertmal habe ich sie diese Geschichte erzählen hören. Und viele Male hat sie mich getröstet. Dann blickte ich zum Mond und folgte seiner Lehre. Ich fasste Hoffnung und ein neuer Mut ergriff mich. Ich konnte meinen Weg durchs Leben weitergehen. Das danke ich dem Mond. So höre seine Lehre:

Der Mann, so sagen es die Alten, hatte den Mond noch nie wirklich verstanden. So kam es, dass der Mond zum Manne sprechen wollte, um ihm zu sagen, was er alles tut. So fasste sich der Mond zuletzt ein Herz und er begann zu reden. Er traf auf den Mann und sprach: »Ich schenke dir mein Licht zur Nacht.« Der Mann war damit nicht zufrieden. Er sagte: »Ja, das tust du wohl, doch gibst du keine Wärme. Das Licht allein ist nicht viel wert.« Da war der Mond betrübt. Er dachte nach und sagte dann: »Ich tue doch noch mehr für euch: Die Ozeane halte ich am Leben!« Der Mann fragte: »Wie machst du das?« Der Mond erklärte ihm darauf den Wechsel der Gezeiten: dass er es ist, der Tag für Tag die Fluten steigen lässt und sinken – dass nur durch ihn die Ebbe kommt und geht. »So bleibt das Meer lebendig«, sprach er, »und nur weil es lebendig ist, gibt es euch Nahrung.« »Tatsächlich«, brummte da der Mensch, »das hatte ich vergessen.« Der Mond wurde nun mutiger: »Ich lenke auch den Zyklus eurer Frauen«, sagte er. »Bedenke: Ich bin es, dem sich die Zeiten eurer Fruchtbarkeit verdanken.« Da war der Mann beeindruckt. Er hatte wohl noch nie darüber nachgedacht. Und er begann, den Mond zu achten. Beflügelt davon wagte es der Mond zuletzt, sein wichtigstes Geheimnis zu verraten. »So höre«, flüsterte er, »da ist noch etwas: In der dunkelsten Stunde deines Lebens werde ich kommen. Ich werde über dir sein und auf dich hinabscheinen; damit es in deinem Leben immer Hoffnung gibt.« Da verstand der Mann, dass er dem Mond Unrecht getan hatte. Und er sang ihm ein Lied – aus Dankbarkeit dafür, dass der Mond in der dunkelsten Stunde seines Lebens kommen würde, um auf ihn zu scheinen.

Seit ich diese Geschichte vernahm, habe ich in vielen Nächten zum Mond geschaut. Ich habe mich von seinem Licht trösten lassen – und ich habe

mich in ihm wiedererkannt. Besonders in der Vollmondnacht erkenne ich, dass auch sein gleißend
schönes Licht nicht makellos vollkommen ist. Ich
sehe seine Krater und Anhöhen, seine Berge und
Täler. Sie werfen graue Schatten, aber gerade sie geben dem Licht des Mondes seinen Silberglanz.

*Und wenn ich so im milden Licht des
Mondes stehe und seine Schattenlinien
sehe, dann wachsen in mir Trost und Mut.*

Es tröstet mich zu wissen, dass auch der Mond seine Schattenseiten hat. Und ich fasse Mut, weil er
mich lehrt, dass ich gleichwohl mein Licht erstrahlen lassen kann – dass ich in Schönheit, kraftvoll,
aufrecht durchs Leben wandern darf. So hebt er
meinen Geist.

Sing dem Mond ein leises Lied

Wenn immer es mir möglich ist, entfache ich ein
Feuer in der Vollmondnacht. So wie der Mann in
der Geschichte singe ich ihm ein Lied der Dankbarkeit. Und dann gehe ich in mich. Im Licht des
Mondes wage ich, mich meinen Schattenseiten zu-
zuwenden. Ich frage mich, wie ich mein Licht noch
heller scheinen lassen kann.

Mein Vater Aataa Aataqqii sagte: »Steig auf zum
höchsten Punkt in deinem Leben. Dort wirst du sehen: Es gibt viele Möglichkeiten. Wenn du dich für

Der nächste Vollmond kommt gewiss. Dann tritt hinaus und suche dir einen stillen Platz. Singe dem Mond ein Lied. Zeige ihm deine Dankbarkeit. Und dann erzähle ihm von deinen Schatten. Vertraue ihm auch das noch an, worüber du mit keinem Menschen jemals sprachst. Auch der Mond hat Schatten. Er weiß, wovon du sprichst. Sein mildes Silberlicht wird in dich tropfen und dich trösten.

Es wird den Geist dir heben und du wirst am nächsten Morgen gestärkt deinen Weg fortsetzen. Du wirst um deine Schatten wissen, doch wirst du sie mit auf deine Reise nehmen. Du wirst in Demut gehen und wirst dich nicht verirren. Nimm dich in Liebe an, dann wirst du zu dir finden.

einen Weg entschieden hast, dann geh ihn bis ans Ende. Dreh dich nicht um, schau nicht zurück und sage niemals zu den andern: ›Seht her, ich gehe auf dem richtigen Weg!‹ Dann nämlich wirst du stolpern und musst noch einmal von vorne beginnen. Geh den Weg beharrlich bis zum Ende. Nur so wirst du zu dir nach Hause kommen!«

Wirst du deinen Weg beharrlich gehen? Im Wissen deiner Licht- und Schattenseiten? Wirst du zum Mond aufblicken und dir von ihm Hoffnung schenken lassen? Möge es dir gelingen.

Erwachsen werden

Wie du zu sterben lernst
– Die andere Seite –

Hast du Angst davor zu sterben? Hast du Angst, dass mit dem Tod alles vorbei sein wird? Du musst dir keine Sorgen machen. Der Große Eine wird dich im Gedächtnis bewahren. So kannst du aufrecht, schön und kraftvoll gehen.

»Das Leben hat keinen Anfang. Und es hat kein Ende. Damit etwas Neues lebendig wird, muss etwas Altes sterben.« Mein Vater hat mich das gelehrt. Er erzählte, einst habe er geträumt, er sei in der Wildnis umhergezogen und habe dabei Gräber entdeckt. Da sei er zu den Gräbern getreten und habe sich gefragt, wer die wohl seien, die dort begraben liegen. Da stellte er fest, dass eines der Gräber leer war. Er fuhr zusammen, denn er ahnte: »Dieses Grab ist für mich!« Er war weit draußen, ganz allein. Nirgends ein Mensch.

Da beschloss er, dass es an der Zeit sei, mit seinem Schöpfer zu reden.

Er fragte den Großen Einen: »Wird meine Liebste sich meines Lächelns erinnern? Wird sie sich an die Schönheit erinnern, die mich umgab, als ich ihr sagte, dass ich sie liebe? Wird sie sich an den Klang meiner Stimme erinnern, wenn ich ihr von meiner Liebe erzählte?«

Da antwortete ihm der Große: »Glaubst du wirklich, dass man dich vergessen wird, wenn du im Grab liegst?« »Ja«, sagte mein Vater, »ich habe Angst davor, von allen vergessen zu werden.« Da erwiderte der Große Eine: »So lange, wie das Gras auf deinem Grab wächst, und so lange, wie ein kleiner Vogel über dem Grab singt – glaubst du, wirst du vergessen werden? Nein, niemals wirst du vergessen werden. Immer wirst du in Erinnerung bleiben. Das Gras, das auf deinem Grab wächst, und der kleine Vogel, der auf deinem Grab singt: Sie sind Zeichen dafür, dass du niemals vergessen wirst.«

Lerne den aufrechten Gang

Das hat meinen Vater getröstet und gestärkt. Als er auf dem Sterbebett lag, fragte er die Familie, die sich um ihn versammelt hatte: »Geht es euch gut?« Wir hielten uns an den Händen und meine Mutter antwortete: »Liebster, allen hier geht es gut.« Mein Vater öffnete nicht mehr die Augen. Er sagte nur: »Ich bin glücklich, das zu hören.« Und meine Mutter sagte: »Nun bist du bereit.« Mein Vater lächelte. Das war das Ende. Er ging aufrecht in die andere Welt – so, wie er sein ganzes Leben gegangen war. Und wir alle bezeugten sein Gehen. Genauso meine Mutter. Als sie auf dem Sterbebett lag, öffnete sie noch einmal die Augen und sagte: »Ah, ihr seid alle da.« Dann fragte sie: »Geht es euch allen gut?« Nun war es an meinem ältesten Bruder zu antworten: »Ja, Mutter. Allen geht es gut.« Sie sagte: »Danke.« Das war ihr letztes Wort.

So wie mein Vater und meine Mutter sind Generationen von Menschen meines Volkes in die andere Welt gegangen: im Kreise ihrer Liebsten, im Wissen, ein gutes Erbe zu hinterlassen. Sie gingen aufrecht und kraftvoll – so, wie es ihrer Bestimmung entspricht. Sie wussten nicht, wann ihre Zeit kommen würde – doch sie gingen aufrecht und kraftvoll. So aus dem Leben zu scheiden, das ist die Essenz des Sterbens. Um das zu lernen, hast du ein Leben lang Zeit. Wirst du es lernen?

Du kannst dich nicht anders auf dein Sterben vorbereiten, als dass du dem Weg deiner Bestimmung

Es beginnt damit, dass du dein Leben als Zeremonie begreifst: wenn du deinen Alltag mit Zeremonien durchwirkst, die deinen Geist erheben und dich blühen lassen, sodass du aufrecht, kraftvoll, in Schönheit durch dein Leben gehst. Dann wirst du auch aufrecht, kraftvoll und in Schönheit in die andere Welt hinübergehen. Die Kunst des Sterbens ist eine Kunst des Lebens.

folgst und den aufrechten Gang im Leben lernst. Du kannst dem Tod nicht entkommen. Es hilft nichts, ihn zu ignorieren, seine Realität zu leugnen.

Es hilft nichts, dich von den Sterbenden abzuwenden und den Tod aus deinem Alltag zu verbannen.

Im Gegenteil: Es wird deine Angst nur schüren, wenn du nie die Schönheit der Sterbenden sahst, nie den Frieden und die Stille ihres Gehens atmetest. Ihr fürchtet diese Schönheit und ihr wendet eure ganze Kraft darauf, den Tod aus eurem Sichtkreis auszuschließen. So lebt ihr in der Unwahrheit, so nährt ihr dauernd eure Angst. Du kannst dein Vermögen dafür investieren, ein paar Wochen oder Jahre länger zu leben. Der Tod wird dich dennoch finden.

Der Schöpfer wird dich nicht vergessen

Ich weiß nicht, wann der Ruf des Todes mich erreicht: ob ich glücklich sein oder mich ängstigen werde. Aber ich weiß, wie ich heute zu gehen habe: aufrecht und kraftvoll. Das ist das Entscheidende. Das nimmt mir die Sorge. Ich weiß nicht, ob nicht in meiner letzten Stunde die Angst mich überfallen wird. Denn viele, die ein Leben lang den Tod nicht fürchteten, bekommen Angst, wenn er naht. Und andere, die sich ihr Leben lang gefürchtet haben, werden zuletzt ganz ruhig. Wer kann schon sagen, wie es einem gehen wird?

Schön ist es, aufrecht und kraftvoll dem Sonnenuntergang entgegenzugehen. Niemand weiß, wann für ihn die Zeit gekommen ist. Doch meine ich, wir können dennoch geraden Blickes dem Ende entgegengehen – im Wissen darum, dass das Andenken erhalten bleibt. Denn immer gilt noch, was der Große Eine sprach: »Das Gras wird auf deinem Grab wachsen, die Blumen werden auf deinem Grab blühen und die Vögel werden auf deinem Grab singen – das sind meine Zeichen dafür, dass ich dich nie vergessen werde.«

Wenn du das verstanden hast, wird der Tod dich nicht länger schrecken. Er wird zu einem Teil deines Lebens. Und du wirst aufrecht und kraftvoll in die andere Welt schreiten können. Wenn dann dein Tag gekommen ist, wird der Schöpfer dich willkommen heißen. Blumen werden blühen. Und die Vögel werden singen. Was mehr kannst du wünschen? Es gibt nichts zu fürchten.

BÜCHER UND ADRESSEN, DIE WEITERHELFEN

Bücher aus dem Gräfe und Unzer Verlag

Angaangaq; Babel, Angela: **Schamanische Weisheit für ein glückliches Leben. 21 kleine Zeremonien für den Alltag**

Limmer, Stefan: **Schamanische Seelenreisen. Kraft und Heilung in sich selbst finden** (mit CD)

Quarch, Christoph: **Der kleine Alltagsphilosoph**

Bücher anderer Verlage

Angaangaq: **Schmelzt das Eis in euren Herzen! Aufruf zu einem geistigen Klimawandel**, herausgegeben von Christoph Quarch, Kösel Verlag

Baumgartl, Nomi; Nieder, Sven; Niehaus, Yatri N.; Lyberth, Laali: **Stella Polaris Ulloriarsuaq. Das leuchtende Gedächtnis der Erde**, mit Essays von Christoph Quarch, Eifelbild Verlag

Nieder, Sven; Babel, Angela; Angaangaq; Quarch, Christoph: **Heiliges Feuer, Schamanen und Älteste für die Welt**, Aurum Verlag

Quarch, Christoph: **Das große Ja. Ein philosophischer Wegweiser zum Sinn des Lebens**, Goldmann Verlag

Quarch, Christoph (Hrsg.): **Unsere Welt ist heilig. Auf dem Weg zu einer globalen Spiritualität**, Herder Verlag

Quarch, Christoph (Hrsg.): **hin & weg – Verliebe dich ins Leben**, J. Kamphausen Verlag
Von Lüpke, Geseko (Hrsg.): **Altes Wissen für eine neue Zeit. Gespräche mit Heilern und Schamanen des 21. Jahrhunderts**, Kösel Verlag

Adressen
Icewisdom International LLC
www.icewisdom.com
www.facebook.com/icewisdom

Dr. Christoph Quarch
Philosophische Beratung, Vorträge,
Reisen & Seminare
www.christophquarch.de

Die Autoren
Angaangaq, geboren 1947, ist Angehöriger der westgrönländischen Kalaallit-Eskimos, Ältester und traditioneller Heiler. Als Angakkorsuaq, »Großer Schamane«, trägt er die jahrtausendealte Weisheit seines Volkes in die Welt und vermittelt bei der Überwindung von kulturellen Grenzen.
Dr. phil. Christoph Quarch ist Philosoph, Theologe, Autor und Publizist. Er veranstaltet philosophische Reisen und Seminare und lehrt Ethik und Philosophie an verschiedenen Hochschulen.

Impressum

© 2015 GRÄFE UND UNZER VERLAG GmbH, München
Alle Rechte vorbehalten

Projektleitung: Birgit Reiter
Lektorat: Dr. Diane Zilliges
Bildredaktion: Henrike Schechter
Covergestaltung und Layout: independent Medien-Design, Horst Moser, München
Herstellung: Martina Koralewska
Satz: Reemers Publishing Services GmbH, Krefeld
Repro: Longo AG, Bozen
Printed in China
Bildnachweis:
ddp: S. 48; Getty: S. 4; dpa Picture Alliance: S. 2; Mauritius Images: S. 10; plainpicture: S. 80; SZ-Photo: S. 112
Icons: Shutterstock
5. Auflage 2017

ISBN: 978-3-8338-4804-9
Die GU-Homepage finden Sie unter www.gu.de

 www.facebook.com/gu.verlag

GRÄFE UND UNZER

Ein Unternehmen der
GANSKE VERLAGSGRUPPE